城市轨道交通——现代有轨电车技术丛书

现代有轨电车客运组织

主　编 ◎ 刘鹤琳

副主编 ◎ 王卫国　张永林　闫　骏

徐月圆　姜艳秋

参　编 ◎ 应承静　陈跃威　张　成

刘正永

西南交通大学出版社

·成都·

图书在版编目（CIP）数据

现代有轨电车客运组织 / 刘鹤琳主编. —成都：西南交通大学出版社，2021.3（2021.8 重印）
（城市轨道交通——现代有轨电车技术丛书）
ISBN 978-7-5643-7993-3

Ⅰ. ①现… Ⅱ. ①刘… Ⅲ. ①有轨电车－客运组织 Ⅳ. ①U482.1

中国版本图书馆 CIP 数据核字（2021）第 040547 号

城市轨道交通——现代有轨电车技术丛书

Xiandai Yougui Dianche Keyun Zuzhi
现代有轨电车客运组织

主　编 / 刘鹤琳
责任编辑 / 刘　昕
封面设计 / 吴　兵

西南交通大学出版社出版发行
（四川省成都市金牛区二环路北一段 111 号西南交通大学创新大厦 21 楼　610031）
发行部电话：028-87600564　　028-87600533
网址：http://www.xnjdcbs.com
印刷：四川森林印务有限责任公司

成品尺寸　185 mm × 260 mm
印张　6.75　　字数　167 千
版次　2021 年 3 月第 1 版　　印次　2021 年 8 月第 2 次

书号　ISBN 978-7-5643-7993-3
定价　29.00 元

前　言

现代有轨电车作为城市新兴的一种公交方式，已完成了从传统到现代化的转变，它凭借可靠、舒适、节能、环保等优势，在全球范围被普遍推广。世界上诸多大城市都在发展有轨电车，如法国斯特拉斯堡、瑞士日内瓦、西班牙巴塞罗那等。我国内地有大连、天津、上海、沈阳、长春、苏州、南京、广州、淮安、青岛、珠海、武汉、深圳、北京、成都等城市开通运营了多条有轨电车线路。

较早建设的沈阳浑南、苏州高新区等有轨电车线路均作为轨道交通的补充，以布设于新区为主；而随着淮安有轨电车的建成，云南滇南、文山等无快速轨道交通城市，也规划建设有轨电车作为城市骨干公交。同时，武夷山、都江堰等多个景区正规划建设有轨电车，作为特色公交线路。多样化的应用表明有轨电车在国内开始成为城市公交建设的重要方式之一。

本书作为一般教材，兼顾科普性和实用性，适合初次接触有轨电车的学员和感兴趣的读者使用。

本书由济南市技师学院刘鹤琳担任主编，负责全书的框架及统稿工作；徐月圆编写第 2 章和第 3 章；姜艳秋编写第 4 章和第 5 章；刘鹤琳、闫骏等编写第 1 章、第 6～9 章。

本书在编写过程中，参考了部分城市轨道交通运营企业的客运组织规章及相关文献，在此致以衷心感谢！

限于掌握的资料和编者的水平，书中难免有不少缺点和疏漏，敬请读者批评指正。

编　者

2020 年 11 月

目　录

1 绪　论

1.1 客运组织基础知识

有轨电车是采用电力驱动并在轨道上行驶的轻型轨道交通车辆。有轨电车是一种公共交通工具，亦称路面电车，简称电车。电车以电力驱动，车辆不会排放废气，因而是一种无污染的环保交通工具（见图 1-1）。

图 1-1　有轨电车

1879 年，德国工程师维尔纳·冯·西门子在柏林的博览会上首先尝试使用电力带动轨道车辆。此后俄国的圣彼得堡、加拿大的多伦多都进行过开通有轨电车的商业尝试。

匈牙利的布达佩斯在 1887 年创立了首个电车系统，1888 年美国弗吉尼亚州的里士满也开通了有轨电车。

20 世纪 70 年代以来，以汽车为主导的交通模式带来的问题日显严重，能源危机、环境污染、土地紧缺、交通拥堵等问题，迫使欧洲发达国家重新将大容量的轨道交通作为发展城市公共交通的重点。由于中小城市无法负担建设地铁的巨额投资，于是现代有轨电车在欧洲中小城市被广泛应用。现代有轨电车投入使用以来，以其便捷性、舒适性及美观性受到市民和政府的肯定。1978—2005 年，欧洲有数十座城市投入使用了现代有轨电车。现代有轨电车运行可靠、舒适、节能、环保，且其技术特性已与轻轨基本无异，如今多个地方也开始在城市中改建或新增现代有轨电车线路，如法国斯特拉斯堡、瑞士日内瓦、西班牙巴塞罗那以及我国的大连、天津、上海等城市。

现代有轨电车（见图 1-2）作为城市新兴的一种先进的公共交通方式，已完成了从传统到现代化的转变，在世界范围普遍推广也充满了光明的前景。

2012—2020 年，我国现代有轨电车规划已超过 2 500 km，工程总投资预计达 3 000 亿元，车辆市场规模达 600 亿元，年均需求 75 亿元。

2018 年 4 月 8 日，中国城市轨道交通协会《城市轨道交通 2017 年度统计和分析报告》显示，截至 2017 年年末，中国共计 34 个城市（包括 7 种制式的轨道交通）开通城市轨道交通并投入运营，开通线路 165 条，运营线路长度达到 5 033 km（以上数据不含港澳台地区）。

图 1-2　现代有轨电车

1.1.1　有轨电车客运组织工作宗旨

有轨电车客运组织是通过合理布置有关设备、设施以及对客流采取有效分流或引导措施来组织客流运送的过程。有轨电车的运营宗旨为“安全可靠、高效便捷、功能完善、文明舒适”，从客运组织工作的角度来说，就是

（1）安全可靠：为保证乘客安全乘车，制定各项安全制度，并严格执行，采用先进安全控制系统，行车设备定期检查，保证处于良好状态。

（2）高效便捷：运营生产各部门相互配合，严格按列车运行图组织工作，确保列车按运行图规定时间运行。提高列车运行速度，缩短列车间隔时间，减少设备的故障，确保乘客快捷到达目的地。

（3）功能完善、文明舒适：服务设施设备齐全良好，客运服务人员严格遵守职业道德，礼貌待客，耐心正确地解答乘客询问，主动热情地为乘客服务。

1.1.2　有轨电车客运组织工作原则

（1）合理安排车站售检票、出入口及楼梯的位置，行人流动路线简单明确，尽量减少客流交叉、对流。

（2）完善车站内外乘客导向系统的设置，使乘客快速分流，减少客流聚集和过分拥挤的现象。

（3）乘客能够顺利地换乘其他交通工具。换乘过程中人流与车流的行驶路线严格分开，以保证行人的安全和车辆的行驶不受干扰。

（4）满足换乘客流方便、安全、舒适的基本要求。如适宜的换乘步行距离、恶劣天气下的保护、全天候的连廊系统，对残疾人专门设计无障碍通道；又如适宜的照明、开阔的视野以及突发事件应急系统等。

1.1.3 客运组织的特点

（1）客运服务的对象是市内交通乘客，不办理行李包裹托运服务。

（2）全日客流分布在时间上有较为明显的高峰（一般为早晚高峰）和低谷之分，高峰时段客流量集中，时间性强，在空间上又有不同的区间客流分布。

（3）全年客流分布在时间上按日、月、周、节假日有较大起伏。

以淮安有轨电车为例，有轨电车线路穿越淮安市两个主城区域和四个中心，是连接淮安南北的公共交通骨干线。

（1）线路穿越主城区，沿翔宇大道南下进入淮安区，主要以两端城区内的短程客流和两个城区跨动的长途客流为主，在普通工作日的早晚高峰客流相对较大。

（2）周末学生、市民放假，会有市民选择乘坐有轨电车前往主城中心。所以周末人流量相对分散，但是客流总量会比平时大。学生市民都会结伴而行或老少同行。

1.2 国内外客运组织现状对比

1.2.1 国外有轨电车运营发展现状

欧洲作为有轨电车的诞生地，城市历史悠久、人口密集，有着良好的有轨电车发展条件。

目前欧洲各国的大中城市中，有轨电车的运营里程已经超过 9 000 km。在欧洲现代有轨电车线路定位如下：

（1）作为大中城市公共交通的骨干网络。

在欧洲一些 50 万 ~ 200 万人口的大中城市，现代有轨电车在城市公共交通系统里占据着举足轻重的位置。例如克罗地亚的首都萨格勒布，人口约为 77 万，总面积约为 1 291 km^2，目前拥有 15 条日线和 4 条夜线有轨电车，全网络长 142 km，日客流量可达 56 万人次。其线路车站的典型特点是一个站点普遍有 3 条及以上线路停靠。

（2）在大城市与地铁、公共汽车相互补充。

在欧洲人口基数大的大型城市中，地铁、有轨电车、公共汽车形成有层次的立体公共交通网络，大型城市现已基本采用地铁、轻轨等形式构建城市公共交通的主体骨架形式，利用有轨电车和公共汽车来弥补“最后一公里出行”问题。

德国首都柏林，居民汽车保有量（358 辆/1 000 人）远低于德国平均水平（570 辆/1 000 人），原因即在于其庞大的公共交通系统，德国公交系统主要包括 U-Bahn（地上铁）、S-Bahn（地下铁）、Tram（有轨电车）、Bus（公共汽车），其主要运营者为 DB 和 BVG 两家公司，柏林的有轨电车系统有 22 条线路、173 个站点，总运营里程 147 km，高峰时期柏林的有轨电车数量达到 1 000 辆，随后低地板大运量的新型有轨电车开始引入，现保有 600 辆左右。

（3）作为中小城市的快速联络线。

欧洲一些中小城市 21 世纪初开始建设有轨电车线路。例如法国的蒙彼利埃，城区人口只有约 25 万，总面积为 57 km^2，于 2000 年建成第一条有轨电车 L1 线，之后又逐步建成通车了 L2、L3、L4 有轨电车线路。

1.2.2 国内有轨电车的运营发展

在我国，沈阳、大连、长春等地是全国最早运营有轨电车的城市。现代有轨电车已相继进入上海、广州、沈阳、大连、南京、苏州、淮安、武汉、北京等多个城市。其优势在于，每千米造价是地铁的 1/3、轻轨的 1/2，建设周期较短，能够发挥大运量公共交通的作用，也可成为城市一道靓丽的风景。

（1）我国首个现代有轨电车网络。

2013 年 8 月 6 日，我国首个现代有轨电车网络——沈阳浑南现代有轨电车网开始投入运营。线网由 4 条线路组成，主要连接城区、机场、车站等地区，全长约为 60 km。

车辆采用中车长客股份公司研制的 70%和 100%低地板现代有轨电车，并且利用“无承力索柔性牵引网+超级电容”技术。

现代有轨电车线路尽可能采用独立路权，轨道线路敷设在草坪带上，以草坪绿化带与其他交通隔离。

（2）世界首列超级电容 100%低地板有轨电车。

淮安现代有轨电车一号线采用超级电容 100%低电板有轨电车，是国内首条进入城市核心区运营、里程最长的无触网现代有轨电车线路。车辆运行全靠车载超级电容技术，到站充电，站间不设充电桩，一次充电 30 s 后能在 AW3 工况下行驶 4 km，具有节约架空接触网、符合城市美观等优势。

武汉东湖高新区有轨电车采用的 48 kW·h 的超级电容可以满足隔站充电需求，48 kW·h 的超级电容是目前全球投入有轨电车车辆的最大储电量。

2015 年 3 月 19 日，世界首列氢能源有轨电车在青岛四方机车车辆股份有限公司下线。

现代有轨电车在控制、车辆技术、牵引供电、通信信号等方面都有了大的质变。其运量大、舒适安全、快速便捷、节能降噪、环保零污染、造价低的特点日益彰显。现代有轨电车在国内外都受到推崇。

2012 年之后，我国建设和规划了庞大的现代有轨电车市场。最新市场调研统计发现，目前我国有近百座城市提出了建设有轨电车的意见和规划，超过 40 座城市已经开始行动，形成了巨大的市场需求。城市轨道交通继地铁、轻轨之后，又掀起新一轮的发展热潮。

1.2.3 国内外客运组织案例

1. 国内有轨电车客运组织案例

以沈阳浑南现代有轨电车为例。沈阳浑南现代有轨电车有 6 条线路，如表 1-1 所示。

表 1-1　沈阳浑南现代有轨电车线路

线路名称	终端站	首班车时间	末班车时间
一号线	兴隆大奥莱	6:15	21:40
	会展中心	6:15	20:40
二号线	兴隆大奥莱	6:00	21:20
	桃仙机场	6:30	21:30

续表

线路名称	终端站	首班车时间	末班车时间
三号线	世纪大厦	6:20	21:20
	会展中心	6:30	20:30
四号线	世纪大厦	6:40	21:00
	沈阳南站	6:20	21:40
五号线	沈抚新城	5:30	21:00
	奥体中心	6:00	22:00
六号线	桃仙机场	7:50	20:40
	沈阳南站	7:10	20:00

（1）票价及购票方式。

票价：开始时有轨电车各条线路全程票价统一为 2 元，换乘线路需要重新购票。2019 年 3 月 1 日起，沈阳浑南现代有轨电车实行分段计价票务制度，按里程计费，单次行程距离 8 km 下为 2 元，8 ~ 16 km 为 3 元，16 km 以上为 4 元。即票价由原单一票价 2 元，调整为 2 元起价，4 元封顶。持卡消费乘客在票价调整的基础上，继续享受相应的优惠折扣。乘车时，上车刷卡，下车再次刷卡。

购票方式：浑南有轨电车采用上车购票方式，和公交相似。每辆车的两个上车门口设置了自助购票箱和刷卡机，乘客上车刷卡或自备零钱投币即可购票。如遇大客流状况，也可通过车内便捷刷卡机进行购票。

（2）身高超过 1.3 m 的儿童应购票。每名成年乘客可免费带领一名身高 1.3 m 以下的儿童乘车，超出人数应全额购票乘车。

随身行李总质量不得超过 20 kg 或总体积不得超过 0.2 m^3，凡超过的每件购票一张，所购行李票按同乘单人票价投币或刷卡，未购票者乘务员有权拒绝其乘车。

（3）有轨电车支持 IC 卡类型：夕阳红卡、关爱卡、普通消费卡、纪念储值卡（含异形卡）。

乘坐浑南有轨电车的优惠人群：

① 关爱卡可享受 5 折票价；

② 普通消费卡可享受 9.5 折票价；

③ 纪念储值卡（含异形卡）可享受 9.5 折票价；

乘坐浑南有轨电车的免费人群：

① 伤残军人（警察）凭本人“中华人民共和国伤残军人（警察）证”；

② 现役义务兵凭本人“士兵证”；

③ 离休老干部凭本人“中华人民共和国老干部离休荣誉证”或者“中国人民解放军离休干部荣誉证”；

④ 70 岁以上老人凭本人“夕阳红卡”按规定刷卡；

⑤ 1.3 m 以下儿童可免费乘坐有轨电车；

⑥ 有轨电车工作人员凭本人员工证；

⑦ 维保、扫保、有轨电车派出所人员凭本人员工卡；

⑧ 残疾人凭本人爱心卡（即“沈阳市残疾人免费乘车卡”）；

⑨ 本市盲人使用“沈阳市盲人免费乘车卡”，持卡免费乘车；

⑩ “定期定量补助证”。

（4）上下车方式。

有轨电车两边两个车门为上车门，中间的两个车门为下车门。乘客上车时可在站台护栏口上车门处排队登乘，下车时提前做好准备在中间车门处等待下车。如图 1-3 所示。

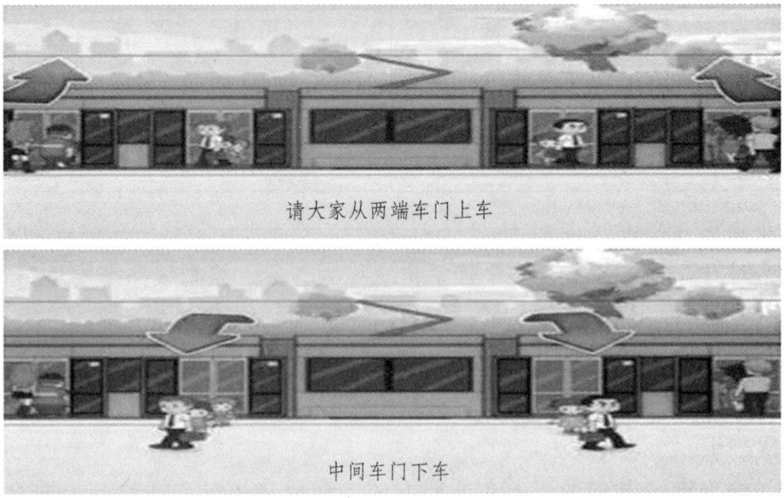

图 1-3　上下车方式

2. 国外有轨电车客运组织案例

国内外有轨电车客运组织各环节情况有不同程度的差别，以维也纳有轨电车与国内有轨电车进行对比，简要说明如下。

奥地利首都维也纳，位于奥地利东部。维也纳作为首都和重要的欧洲都市，市内交通发达，维也纳有轨电车的站台写着“Strassenbahn Haltestelle”，即有轨电车站台。下面显示该站台停靠的各线路名称。（见图 1-4）

图 1-4　有轨电车站台

维也纳有轨电车线路一般以数字命名，总共有 27 条城区的电车线路及 O、D、VRT 线路

（见图 1-5）。电车票与地铁、公交车票通用，可在站台自动售票机、地铁站自动售票机或交通局售票服务窗口购买。

图 1-5 有轨电车

新款电车车头有电子显示屏显示该线路名称（数字），及该趟列车的终点站。老款电车车头则是旧式的名称标志和显示终点站的标志板。

维也纳超低地板有轨电车，也称 ULF Tram 或“超低地板”电车，是现在维也纳市内正常运营的有轨电车。大约 15 年前，欧洲就已出现低地板有轨电车，地板高度 30 cm，但只有维也纳设置了更加雄心勃勃的目标，最终实现了方便让轮椅和婴儿车直接从路面登入的有轨电车。

维也纳市从 2009 年开始设立环城观光有轨电车旅游线路，每日 10:00 am ~ 5:30 pm，每隔 30 min 发一趟车，成人单程票价 8 欧元，可直接在车上或官网上购票。它们分别按顺时针和逆时针方向围着维也纳市中心的环城大道运行，霍夫堡宫、圣斯特凡大教堂、歌剧院这些著名景点都能到达，全程大约 30 min，乘客可通过耳机听取坐落于沿途各个著名景点的介绍。

除此之外其他电车线路间隔 3 ~ 10 min 一班，运营时间最晚至凌晨 1 点。

维也纳有轨电车跟地铁或其他交通一样，有多种票种可供选择，建议一般游客使用天票、单程票和维也纳卡。

（1）24 h/48 h/72 h ticket（天票）。

在维也纳停留 1 ~ 3 天，建议选择 24 h、48 h、72 h 票。

票价分别为

① 24 h：7.6 欧元。

② 48 h：13.3 欧元。

③ 72 h：16.5 欧元。

（以上价格为 2015 年 11 月维也纳交通官网查询所得）

第一次打票后 24、48 或 72 h 内有效，可乘坐市内所有交通工具。

打票机设于有轨电车内（见图 1-6），如天票已经在地铁站或公交车上打票，则不需在有轨电车内重新打票。

天票可在各大地铁站自动售票机、有轨电车站、交通售票窗口购买。

图 1-6　有轨电车打票机

（2）购买单程票。

电车与巴士、地铁车票通用，上车前先行买票，单程车票一般都是 1.8 欧元/次，可于地铁站购买，车票一般通用于地铁、电车、巴士，另有些有轨电车是 2.2 欧元/次，乘车时需要打票，否则视作逃票。购买单程票可使用有轨电车站台自动售票机购买，可用纸币或硬币购票。

跟地铁票相同，有轨电车的车票同样需要打票，打票机设置在车内。

（3）维也纳卡。

购买维也纳卡，不仅可免费乘坐市内交通，还可在多个景点享受购票优惠。

维也纳卡打票后 48 h 或 72 h 内有效。

购买地点：酒店、阿尔贝提纳广场上的旅游信息中心（9:00 am ~ 7:00 pm），维也纳公交线销售和信息点，维也纳地铁官网。

维也纳有轨电车的车票打卡机器设在车内，上车打卡即可，下车时不用重复打票。

维也纳的公共交通系统使用的是“Honour System”，中文叫“信用制度”或“荣誉系统”。这个系统的运作靠的是乘客内心对于“荣誉”的觉悟，所以称为“荣誉系统”。乘客买不买票全靠自觉。除了维也纳，德语区国家如德国和瑞士，也同样使用“荣誉系统”来管理公共交通。有轨电车查票工作人员只是不定点、不定时地抽查，如果乘客逃票被抓到了，将面临 105 欧元的罚款（2018 年 1 月生效），如果乘客没有现场用现金交罚款，或是在 3 天内通过银行转账交罚款，则罚款金额会上升到 115 欧元，该名乘客还可能面临法律诉讼。

1.3　有轨电车客运组织内容及运营管理模式

1.3.1　城市轨道交通车站客运工作的主要内容

主要内容为提供客运、票务等基本服务，保持整洁卫生的站、车环境，保持设施设备完好，实现“安全可靠、高效便捷、功能完善、文明舒适”的服务目标；服务设施，是指有轨电车首末站、车站等场所以及车辆等设施；车站售检票位置的设置，车站引导标志的设置，车站自动扶梯、隔离栏杆、车站广播导向等设备设施的设置，各种设备数量及工作人员的配备，应急措施的制定与实施等。

1.3.2 客运工作的基本要求

客运组织工作是城市轨道交通运营生产的重要组成部分，客运服务质量直接反映城市轨道交通运营管理水平。客运组织工作必须实行统一领导、分级管理的原则，建立健全各项工作制度，各部门密切配合，搞好站、车秩序，改善服务态度，提高工作效率。

车站客运工作是完成乘客运送任务的重要组成部分。客运工作直接面对乘客，能否安全、便利、舒适、文明地为乘客服务，是反映轨道交通系统运营管理水平的标志之一。车站客运工作的基本要求如下：

（1）设备齐全、站容整洁、向导标志齐全。

车站站台设施整洁，周边无杂物，站台边缘根据需要设置安全护栏，站台应设置标有本站及附近公交车站位置和停靠线路的街道交通简图。车站候车亭应安全、实用、简洁、美观，具有标识性，便于乘客遮阳、避雨，不影响乘客集散和行人通行。站牌设施的朝向和高度应便于查看，不影响乘客集散。定期维护，发现污损、毁坏等情况时应及时修复，保持清洁完好。

有轨电车车厢内应为乘客提供照明、座椅、扶手杆、扶手拉环、广播、标志标识等服务设施，以及灭火器等安全设备设施，并设置安全警示标志、本线线路图等标志。

有轨电车公司制订车辆设备设施维护、维修、检查计划，对运营和服务设施定期检查，及时维修、更新，保持设备完好。运营单位应按照消防管理、事故救援的有关规定，在有轨电车设施内设置消防、防护、救援等器材和设备。

（2）工作人员持证上岗。

有轨电车工作人员根据岗位要求持证上岗，按照国家和省、市有关规定，定期进行安全教育和岗位技能培训，考核合格后方能继续上岗。

（3）掌握客流变化。

车站客运部门要经常进行客流调查与分析，积累客流资料，掌握不同时期、季节、时间和性质的客流变化规律。

（4）搞好联劳协作。

客运作业人员应经常与列车司机、公安人员等有关工种作业人员加强联系，密切配合，协同工作，确保列车运行与乘客安全。

1.3.3 有轨电车运营管理模式

有轨电车运营管理的几种基本模式：

（1）BOT（Build-Operate-Transfer），即建设—经营—转让，是指政府通过契约授予私营企业（包括外国企业）以一定期限的特许专营权，许可其融资建设和经营特定的公用基础设施，并准许其通过向用户收取费用或出售产品以清偿贷款，回收投资并赚取利润。特许经营权期限届满时，该基础设施无偿移交给政府。

（2）BT（Build-Transfer），即建设—移交，是指政府经过法定程序选择拟建的基础设施或公用事业项目的投资人，并由投资人在工程建设期内组建 BT 项目公司进行投资、融资和建设。

政府在项目建成后从机构手中购回项目（可一次支付也可分期支付）。与政府借贷不同，政府用于购买项目的资金往往是事后支付，机构用于建设的资金可自己出但更多的是获取银行的有限追索权贷款。

（3）PPP（Public-Private-Partnership），即政府与社会资本合作，单从形式上看和 BOT 差不多，但 PPP 模式始终是站在全生命周期的角度论证，并且政府希望通过社会资本的专业知识来有效提高项目的收益（不仅是项目建设本身，还有运营效率的提高，从而提高社会整体效益）。同时 PPP 的含义更为广泛，除了基础设施建设和自然资源开发，还可包括公共服务设施和国有机构的私有化等等。

沈阳浑南现代有轨电车项目是中国北车首个以工程总承办（BT）形式承接的现代有轨电车项目。

由于多数城市对有轨电车尚很陌生，在项目的实施过程中，地方政府在技术设计、施工组织、短期融资等方面存在许多实际困难，采用 BT 模式能够实现政企双赢。若采用传统的仅仅提供车辆的经营模式，中国北车仅能从此项目中获得价值 4.5 亿元的现代有轨电车销售订单，而采用 BT 模式，订单价值则增加近 10 倍。

淮安现代有轨电车项目采用与上海城建集团 BOT+股权转让的模式。政府将国有独资或国有控股的企业的部分产权/股权转让给民营机构，建立和形成多元投资和有效公司治理结构，同时政府授予新合资公司特许经营权，许可其在一定范围和期限内经营特定业务。

1.3.4 国内有轨电车公司运营管理架构

1. 淮安市现代有轨电车经营有限公司

淮安市现代有轨电车经营有限公司的组织架构，如图 1-7 所示。

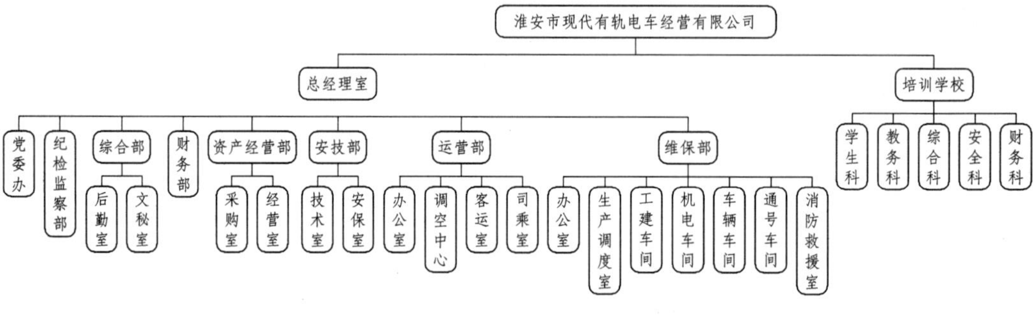

图 1-7 淮安市现代有轨电车经营有限公司组织架构

2. 武汉××现代有轨电车运营有限公司

公司组织机构设置宜精简高效，试运营阶段设置 6 个部门，分别为综合部、安技部、营运服务部、设备维保部、计划财务部、人力资源部。公司组织结构图如图 1-8 所示。

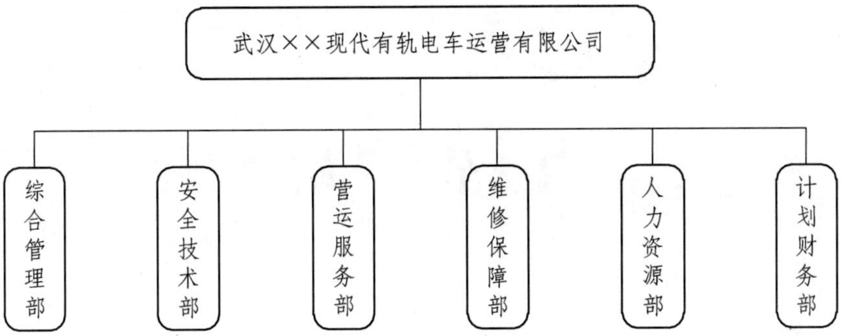

图 1-8 武汉××现代有轨电车运营有限公司组织架构

3. 苏州××有轨电车公司

苏州××有轨电车公司的组织架构，如图 1-9 所示。

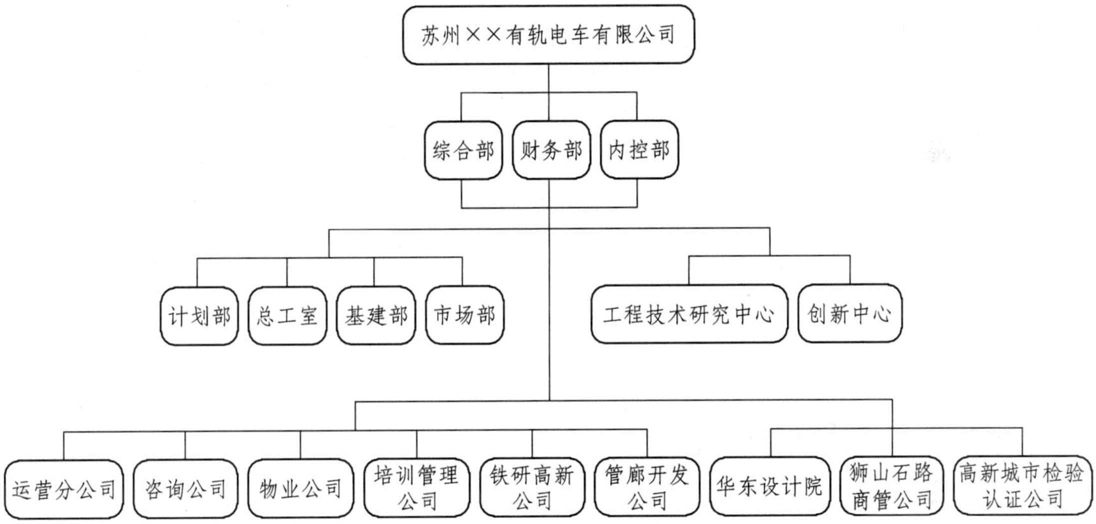

图 1-9 苏州××有轨电车公司组织架构

2 车　　站

2.1 线　路

2.1.1 城市轨道交通线网结构

线网结构形式是指根据城市现状与规划情况编制的由线网中各条线路组成的几何图形。其形式一般与城市道路的结构形式相适应，但在选定时，首先应考虑客流主方向，并为乘客创造便利条件，以便吸引更多的乘客。因为城市轨道交通线路有专用轨道且建设投资费用高，所以城市轨道交通线路一旦建成，很难改变，将对城市发展产生重大而深远的影响。

线网结构形式布置是否适当，将直接影响线网建成后的经济效益、社会效益和交通服务质量。因此，在前期线网设计时，不仅要考虑各条线路的走向，更要考虑整个城市轨道交通线网的整体布局，即综合考虑线网的整体结构形式的合理性。从几何图形上考虑，线网主要分为如图 2-1 所示几种形式。

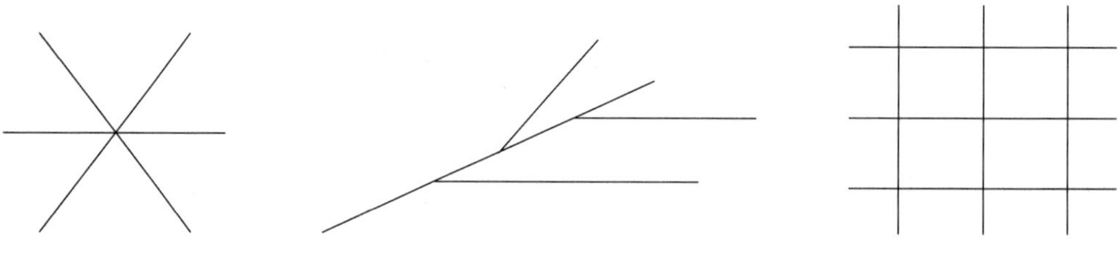

（a）放射形　（b）条带形　（c）棋盘式

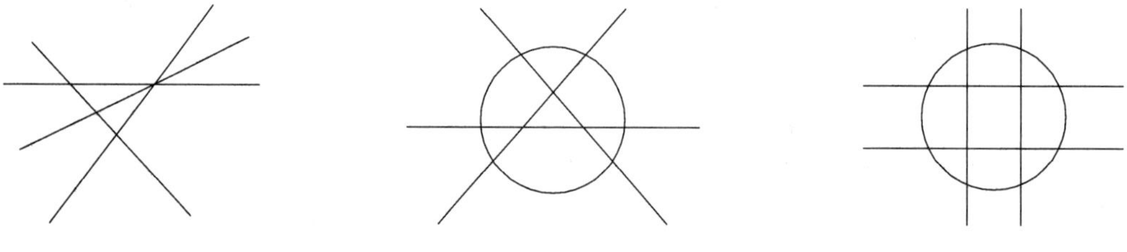

（d）放射形网状　（e）放射加环形　（f）棋盘加环线

图 2-1　城市轨道交通线网形式

淮安市城市轨道交通线网包括市域轨道和城市轨道两个层次。市域轨道服务城市集中建设区与外围组团、重要交通枢纽及周边卫星城镇之间的出行，作为主、副城通勤交通的重要方式，增强城市集中建设区的对外辐射力。城市轨道作为城市发展的引导轴和组团联系的强纽带，承担城市空间拓展和结构优化的功能，支撑和稳定淮安城市“双心三轴九组团”的空间结构。同时，城市轨道作为城市交通的主动脉，承担城市公共交通的主骨架作用。淮安市城市轨道交通线网基于“放射形+棋盘式”的架构模式，布设 5 条城市轨道交通线路，包括 3 条骨干线（1、2、3 号线）和 2 条加密线（4、5 号线），线网总规模为 134.6 km（见图 2-2）。

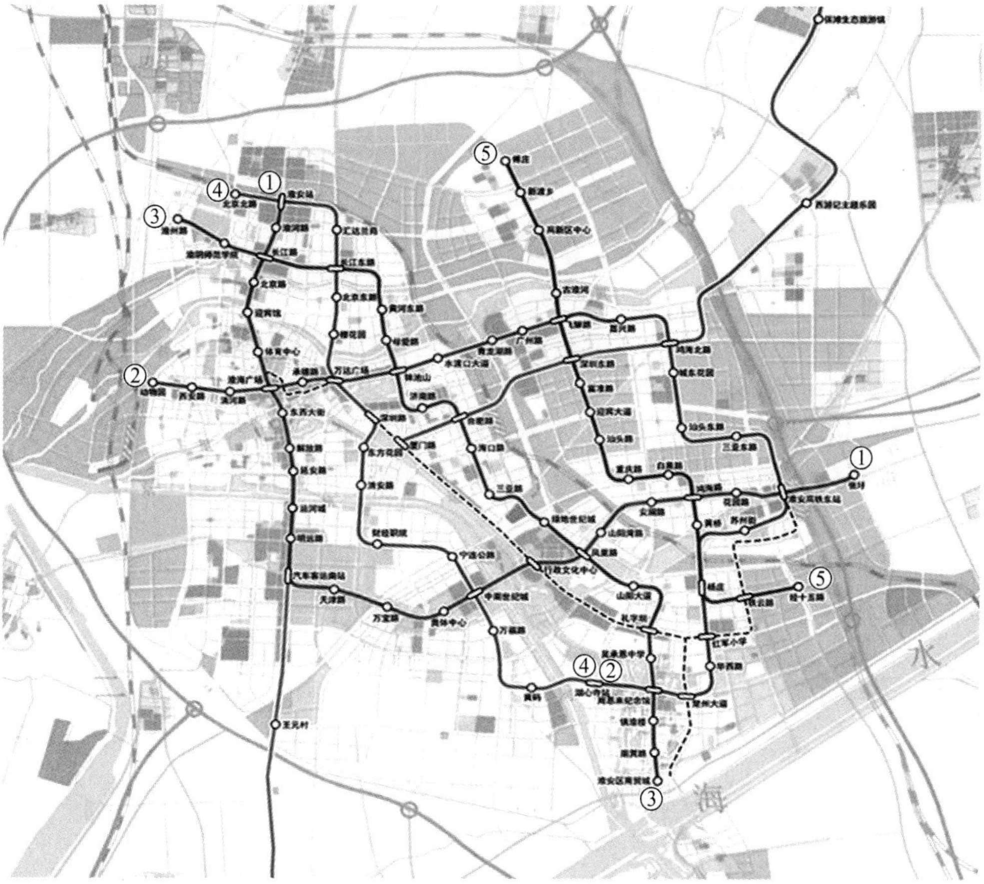

图 2-2　淮安市线网结构图

2.1.2　城市轨道交通线路种类

城市轨道交通线路按其在运营中的作用，可分为正线、辅助线和车场线。

（1）正线。正线是指贯穿所有区间和车站，供载客列车运行的线路。城市轨道交通正线是独立运行的线路，一般按双线设计，采用与我国城市街道一致的右侧行车制。

（2）辅助线。辅助线是指为空载列车进行折返、停放、检查、转线及出入段作业而运行的线路，包括折返线、渡线、停车线、车辆段出入线和联络线等。

折返线供列车在端点站或中间站进行列车折返使用。常见的折返线形式有尽端式折返、渡线折返和环线折返，如图 2-3 所示。

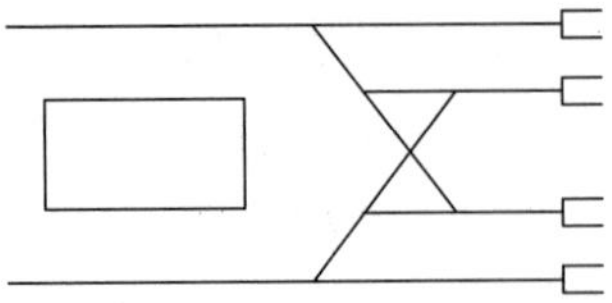

(a) 尽端式折返

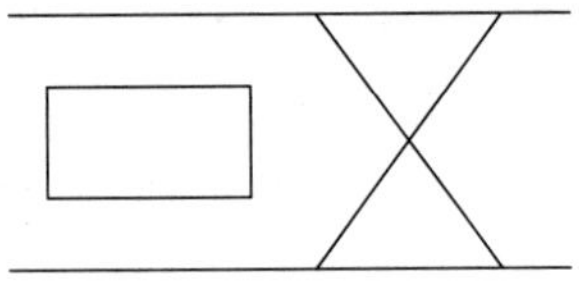

(b) 渡线折返

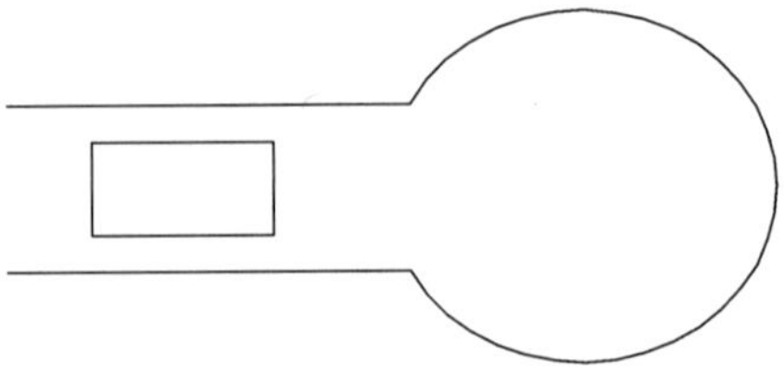

(c) 环线折返

图 2-3　折返线形式

渡线是指在上下行正线之间（或其他平行线路之间）设置的连接线。停车站一般设置在端点站，专门供列车停车使用，也可进行少量检修作业。车辆出入段线为保证运行来列车的停放和检修，在轨道交通沿线适当的位置设置车辆段，车辆段与正线连接的线路。联络线是指在整个轨道交通线网中，设置在正线与正线之间，使同种制式线路可以实现列车过轨运行的线路。

（3）车场线。车场线是指车辆段（车辆基地）内的各种作业线，具体包括专门用于检修车辆的检修线、用于对检修完毕的车辆进行运行状态检测的试车线、专门用于清洗车辆的洗车线等。

2.1.3　有轨电车线路布置形式

现代有轨电车系统车道布置方式按照其布置位置的不同可分为路中式、路侧式和双向同侧式 3 大类。布置方式直接影响有轨电车的运营速度及乘客运送效率，不同的布置方式适用于不同的情况，在具体布置时应根据城市实际情况灵活选择。

路中式（见图 2-4）：两条轨道线均敷设于道路中央，机动车及非机动车道布设于有轨电车两侧。

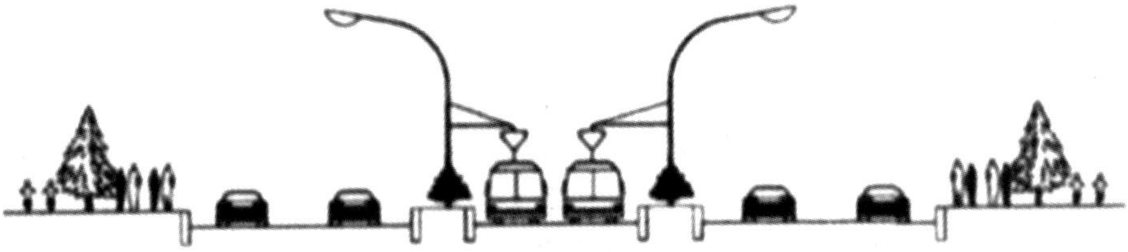

图 2-4　路中式布置形式

路中式优点为对机动车、非机动车及行人干扰小，两线距离近，折返距离短，速度快，两侧列车共用接触网支架，美观且造价低，远期道路拓宽条件较充足，路中管线少，有轨电车路基施工及远期管线扩容均影响小，有轨电车两侧不易积水，保证运营安全。缺点是站台布于道路中央，乘客上下车需横穿马路。

（2）路侧式（见图 2-5）：车道设置于机动车道外侧车道（道路分主辅路时，为主路外侧车道），又称两侧式，非机动车道设于道路最外侧。

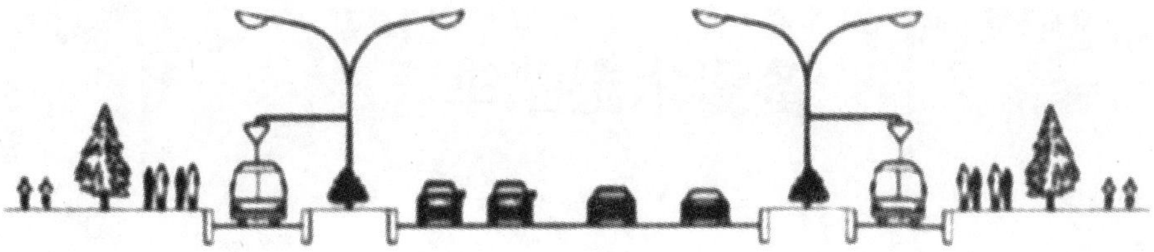

图 2-5　路侧式布置形式

路侧式优点是便于与其他公交方式接驳，缺点是折返时需要中断道路交通，道路沿线路口车辆、行人与有轨电车间相互影响，上下行线路分别设接触网立柱，路侧管线多影响远期道路拓宽，有轨电车两侧易积水，不利于安全运营，对侧的乘客上车需穿过整个马路等。

（3）双向同侧式（见图 2-6）：上下行的有轨电车置于道路同一侧，适用于道路一侧为河流、公园用地的情况。

图 2-6　双向同侧式布置形式

双向同侧式优点：两线距离近，折返距离近，速度快，上下行线路可共用一排接触网立柱。缺点：占用横断面大，对道路一侧公交停车、路边停车及路侧开发建设影响大，对道路分隔影响较大，路侧管线多影响远期道路拓宽，两侧易积水，不利于安全运营。

各城市应从沿线既有道路改造、有轨电车系统升级、道路交通组织、乘客及行人交通组织等几个方面分析比较有轨电车布设方式，选择最合适的线路布置形式，以提高有轨电车运营的安全性。

2.1.4　有轨电车线路敷设方式

一般情况下，为节约建设和运营成本，现代有轨电车系统一般采用地面线路。通常在与交通干道交叉、机动车流量特别大的情况下以及线路跨河或工程需要时，考虑立体交叉设置为高架线路。根据各城市的地域性也会设置地下线路。

以苏州高新区有轨电车 T2（见图 2-7）、T3（见图 2-8）线和 3 号线为例，T2 线，线路全长 18.5 km，以地面敷设方式为主，过浒关运河、京杭运河等河道处采用桥梁方式上跨。科正路站—阳山西路站区间采用高架线方式上跨绕城高速；文昌路段（虎疁路站—大同路站区间）为避免与道路平交对交叉口的影响，采用高架线的敷设方式。

T3 线，线路长度为 9.0 km，以地面敷设方式为主，局部因跨越河道或工程需要采用高架方式。

苏州有轨电车 3 号线（1 号线延伸线）全长约 10.294 km，共设站 13 座，其中地下站 3

座（见图 2-9），即有纵三路、贡山路 2 个地下区间，并设有 3 座地下车站，即石帆站、绣品街北站和纵三路站。

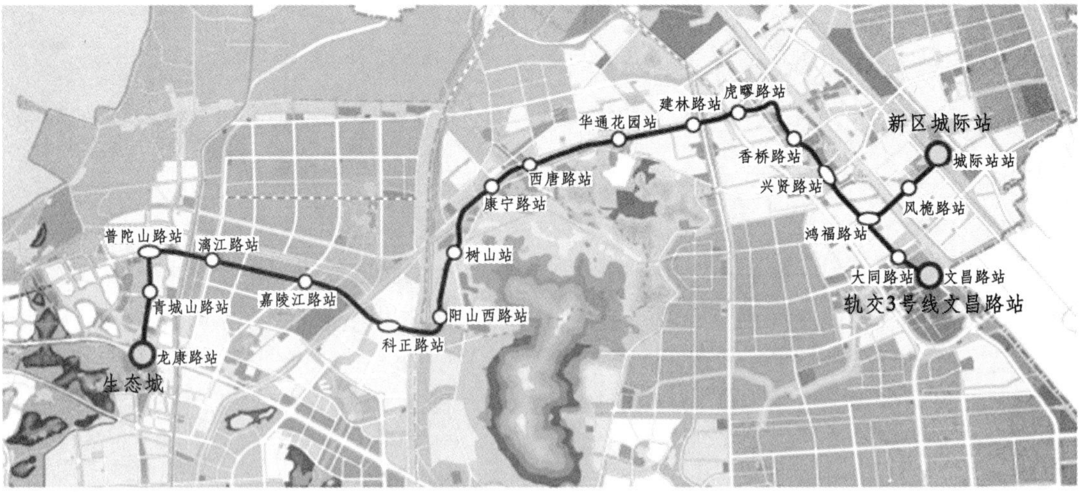

图 2-7　T2 线线路图

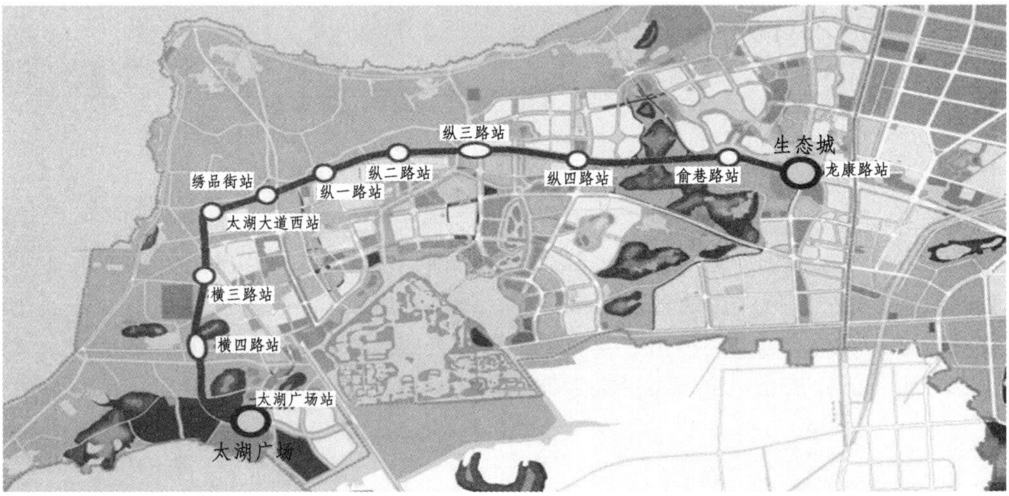

图 2-8　T3 线线路图

图 2-9　3 号线地下车站

2.2 轨道交通车站的作用与分类

2.2.1 车站的作用

车站是城市轨道交通系统最重要的组成部分，是乘客上下车、换乘的场所；也是列车到发、通过、折返、临时停车的地点；还是运营管理人员主要的工作场所。车站的选址、布置和规模不仅影响运营效益，而且关系到城市的运转。

2.2.2 车站的分类

现代有轨电车车站形式主要根据线路的走向、敷设方式以及站台周边的环境，并综合考虑车站的功能需求确定。车站的分类可根据站台形式和车站敷设方式两种情况进行分类。

按照站台的布置形式，一般分为岛式站台车站和侧式站台车站两种类型，岛式站台又分为标准岛式站台和分离岛式站台，侧式站台又分为标准侧式站台和分离侧式站台。

（1）标准岛式车站。

标准岛式站台又称为整体岛式站台（见图 2-10），这种布置形式的站台布置在上下行线路的中间，上下行整合为一个站台，站台宽度一般不小于 5 m。岛式站台两侧均可停车，站台较宽、面积较大，且对道路占用较多，适用于道路断面条件较好，道路红线较宽的路口设置。

标准岛式站台优点是站台面积利用率高，便于集中管理，能有效平抑潮汐客流的影响，站台宽度比两个侧式站台总宽度小，乘客中途折返方便，不影响未来路口拓宽。缺点是当站台两侧车辆到站同时上下客时，上下行客流干扰较大，会产生一定程度的客流交叉干扰，车站两端轨道之间绿化带宽度较大，路段占用道路资源较多。

图 2-10　标准岛式站台

（2）分离岛式站台。

分离岛式站台（见图 2-11）是指站台位于上下行之间，并在路口前后分开布置，车辆仅能单边停靠，一般不小于 3 m。

图 2-11　分离岛式站台

分离岛式站台优点是占用道路资源较为分散，轨道之间占用绿化带宽度较小，路段不用缩减绿化带宽度，上下行线路人流分开，使用时舒适度较大，不影响未来路口拓宽。缺点是当发生潮汐客流时对车站的压力较大，车站设备和管理需要两套系统，增加投资和营运成本，不方便乘客中途折返乘车。

（3）标准侧式站台。

标准侧式站台又称为对位侧式站台（见图 2-12），是指站台设置在有轨电车车道两侧，而且上下行车站在路口的同一侧，站台宽度一般不小于 3 m。

图 2-12　标准侧式站台

标准侧式站台优点是路段轨道之间绿化带宽度减小到最小，占用道路资源较少，便于设置人行天桥和过街地道。缺点是较整体岛式不方便乘客的中途折返，站台处占用路幅宽度较大。

（4）分离侧式站台。

分离侧式站台又称为错位侧式站台（见图 2-13），是指站台位于上下行两侧，并在路口前后错开布置，站台宽度一般不小于 3 m。

图 2-13　分离侧式站台

分离侧式站台优点是在路口处占用道路宽度最少，路段轨道之间绿化带宽度减小到最小，上下行线路人流分离、占用道路资源最少，适用于道路资源紧张路段。缺点是不方便乘客的中途折返。

根据敷设方式的不同，有轨电车车站可分为地面站、高架站和地下站。

（1）地面站。有轨电车是一种与道路结合很紧密的中运量交通，车站多采用地面站的形式。地面车站工程量小、结构简单、乘客进出站方便，且不需要增加环控防灾设备，在节能环保方面有较大的优势。

（2）高架站。有轨电车的高架站规模通常较小，只设置站台层，不设置站厅层。高架站对道路影响较小，但土建规模、造价等均高于地面站，因此一般主要结合线路上跨道路、河道设置或者结合枢纽、车场等功能进行设置。如香港轻铁屯门站，就是结合西铁站设置的跨屯门河的高架车站。

（3）地下站。地下站工程难度大，需要配备环控和防灾设备，建设和运营成本均较高。此外，地下车站一旦建成，很难进行改扩建，不适应有轨电车多交路、灵活运营组织的特点，因此较少采用。

2.3　轨道交通车站的组成及作用

车站是有轨电车系统的重要组成部分，通过车站供乘客集散、候车、上下车，供列车停靠，完成运送乘客的任务。

有轨电车车站（见图 2-14）的主要建筑就是带雨棚的站台，雨棚与广告牌合并设置，与公共汽车的站台设施基本一致。除此之外，车站还包括连接通道、护栏及各种客运服务设备设施。

图 2-14　有轨电车车站

（1）站台。站台是供乘客候车及上下车的场所，站台的建设规模取决于线路远期高峰小时客流量，一般要求标准岛式站台站台宽度不小于 5 m，分离岛式站台、标准侧式站台和分离侧式站台的站台宽度不小于 3 m，站台边缘处设置黄线，划分城市候车的安全区域，引导乘客站在黄线外候车。

（2）连接通道。连接通道是引导乘客进入站台和离开站台的区域。乘客可通过人行通道（见图 2-15）进出站也可以通过地下通道（见图 2-16）或高架通道进出站，通道必须保障有足够的宽度以满足紧急情况下乘客疏散的要求，还应设置保证残疾人、老年人等特殊乘客通行安全和使用便利的无障碍设施及无障碍通道。

图 2-15　人行通道

图 2-16　地下通道

（3）雨棚。有轨电车车站宜设站亭，一般为开敞式候车棚，也可根据有轨电车所在地区的气候条件、车站周边环境等因素综合考虑候车亭的设置要求，如炎热与寒冷地区可考虑设置封闭式站亭。车站候车棚距站台装修面高度应不小于 3 000 mm，候车棚边缘距线路中心线的距离应满足限界的要求。同时，候车站亭的设计要满足交通建筑易于辨识、视线通透的特点。有轨电车车站的雨棚设置于站台上方，可为乘客遮挡阳光和雨雪，能够起到改善乘客候车环境的作用。雨棚通常与广告牌合并设置，可用于张贴广告或宣传语等。

（4）护栏。有轨电车车站的护栏起到隔离站台公共区与轨行区的作用，防止乘客掉下站台，保证乘客候车安全，从而提高运营安全系数。有些车站的隔离栏杆也可起到分离上客区和下客区的作用。

（5）车站客运服务设备设施，主要包括设置在站台上的导向标志、座椅、消防系统、乘客信息服务系统、自动售票机、自动检票机等，目的是提高运营效率及服务质量。

2.4　轨道交通车站的布局原则与基本布局

2.4.1　车站的站位选择

车站位置的选择，对实现现代有轨电车快速、准时、便捷、安全等优势至关重要。按照用地性质以及周边土地开发强度来说，车站宜设置在客流集中的地方，如商业区、大型办公区域、展览中心、文化及休闲娱乐中心、主要住宅区等。同时，站位的选择还应该有利于现代有轨电车系统的实施，尽量减小其对现状道路交通造成的影响，方便沿线乘客乘车及换乘。

车站的设置位置有路段设站和交叉口设站两大类，其中交叉口设站又分为交叉口进口道设站和出口道设站两种情况，下面将分别进行介绍。

现代有轨电车站位选择通常有两种方式，即路段设站和交叉口一侧设站，站位的选择应有利于现代有轨电车的运营、道路的交通组织、与其他公交方式的接驳等。

路段设站又称为路中式车站（见图 2-17），车站位于路段中间，其缺点较为明显，车站处占用的道路资源较多，对机动车流的影响大；乘客到达车站需要特殊的过街设施。因此，路中式车站应用较少，一般应用于以下情况：（1）有轨电车专用路，线路两侧即为人行道，车站位于人行道之上；（2）较大的客流集散点，有设站的必要性，且该路段长度很长，车站范围内没有交叉口。

图 2-17　路段设站

交叉口设站又称为路端式车站（见图 2-18），是指车站位于交叉口处。与路段设站相比，交叉口处的道路一般都有增加进口道、交叉口加宽等既有措施，因而交叉口设站无须拓宽交叉口即可满足车站的道路用地，同时乘客利用交叉口行人过街设施即可到达、离开车站。路段设站与交叉口设站的综合比较如表 2-1 所示。

图 2-18　交叉口设站

表 2-1　路段设站与交叉口设站比较

比较项目	路段设站	交叉口设站
对现代有轨电车的运营	无影响	无影响
对道路的交通组织	车站处需设置人行信号灯，影响道路通行能力	利用道路交叉口处信号灯组织乘客进出车站
与其他公交方式的接驳	与其他公交换乘距离远，服务水平低	与其他公交换乘距离近，服务水平高

通过以上分析可知，现代有轨电车的车站设在道路交叉口处更有利于提高服务水平，方便与其他公共交通换乘，对道路通行能力影响较小，所以现代有轨电车的车站一般设置于道路交叉口。

2.4.2　车站的设计原则与基本布局

有轨电车车站应满足以下设计原则。

（1）一致性原则。车站选址要与城市规划、城市交通规划及轨道交通路网规划的要求相一致，以满足远期规划的要求。

（2）适用性原则。车站选址要综合考虑该地区的地下管线、工程地质条件、地面建筑物的拆迁及改造的可能性等情况；设计应能满足远期高峰小时客流集散量和运营管理的需要，应具有良好的外部环境条件，最大限度地吸引乘客。

（3）协调性原则。车站总体设计要注意与周围环境相互协调，如与城市景观、地面建筑规划相互协调。

（4）安全性原则。车站要有足够宽的疏散通道，具有指示牌及防灾设施等。

（5）便利性原则。车站站位应尽可能靠近人口密集区和商业区，最大限度方便乘客出行。

（6）识别性原则。车站设计应体现现代交通建筑的特点，简洁、明快、大方并易于识别，同时车站及车辆线路都要有明显的特征和标志。

（7）舒适性原则。车站的设计要以人为本，有舒适的候车环境和现代的视觉观感，并解决好卫生等问题。

车站的布局应简单明确，依据站内结构及设施配置情况对客流进行合理的组织，避免和减少进出站客流的交叉，合理布置客运服务设备设施。

有轨电车车站应以地面站为主，高架站和地下站为辅，宜为开敞式，不设设备及管理用房，起点站和终点站可根据需要设置少量设备及管理用房。在设有少量设备及管理用房的起终点站，管理用房区和公共区应分区明确、合理组合、互不干扰，并满足相应的功能要求。

车站有效站台长度应不小于远期列车编组长度加停车误差；站台应设置满足乘客候车所需的扶手、座椅、候车棚、信息指示牌、自动售票机等相关设施。高架和地下车站应设楼梯连接站台和地面，必要时也可采用坡道、自动扶梯等设施连接地面；侧式站台宽度应大于等于 3 m，岛式站台宽度不应小于 5 m，位于机动车道路中间地面站，站台宽度可适当减少，车站规模应满足远期高峰小时预测客流集散量和运营的需要，还应满足事故发生时乘客紧急疏散的需要。

在客流量较大的换乘站和起终点站，进出站客流流线应尽量简单明确，避免客流交叉干扰，换乘客流与进出站客流应尽量分开，乘客购票及使用公共设施时不应妨碍客流通行。换乘站应根据远期客流要求、工程分期实施的条件、近远期结合，合理选择车站形式、换乘方式及规模，为乘客创造良好的换乘条件。

地面车站应采用无障碍坡道连接车站站台和城市道路的无障碍系统。高架和地下车站应至少有一处出入口设置无障碍电梯，满足无障碍进出车站的需要。其位置应交通方便、少干扰，并与周围城市无障碍交通系统衔接，以便使用和统一管理。

地面及高架车站的灯具应节能、耐久、防尘、抗风，并便于维修更换和清洁保养；车站装修应采用防火、防潮、防腐、耐久、易清洁、安全的环保材料，并便于施工与维修，地面材料应防滑；车站内和车站外 500 m 范围内，应有统一的导向标志；车站内的各种标识和广告，应有统一规格和造型，且安装位置适当，并与车站建筑装修融为一体，标识系统的设置应优先于广告。

3　车站技术设备

有轨电车车站技术设备主要包括导向标志系统、乘客信息服务系统、消防系统、售检票系统、照明系统、电梯系统及座椅等。

3.1　导向标志系统

城市轨道交通系统的标志系统设计是完善城市轨道交通系统建设的重要组成部分，是现代交通疏导的灵魂，其主要功能是引导乘客安全、顺利及迅速地完成整个乘车的旅程，避免乘客滞留在车站内引起拥塞。紧急疏散时，导向标志必须能清晰引导乘客顺利地离开危险区域及车站。

3.1.1　标志分类

标志系统按照其功能可以划分为导向标志、警告标志、服务信息标志 3 大类。

（1）导向标志。

导向标志（见图 3-1）元素一般由图形、文字构成，经常用箭头符号作为辅助图形，强化方向感。常见导向标志包括列车运行方向、购票方向、进出站方向、换乘方向等。

图 3-1　导向标志

（2）警告标志。

警告标志包括乘客禁止停留标志、乘客不能进入的区域、禁止吸烟（见图 3-2）等。

（3）服务信息标志。

服务信息标志包括有轨电车系统线路图（见图 3-3）、车站布局图、早晚开行时刻表、车站周边公共服务设施等。

图 3-2 警告标志

图 3-3 服务信息标志

3.1.2 导向标志设置注意事项

（1）出入口标志要醒目。有轨电车车站主要通过出入口与外面联系，出入口的设置对乘客正常进出站和事故情况下紧急疏散起着重要的作用，因此车站出入口的标志要醒目，能引导乘客快速出站。

（2）导向牌颜色要合理应用。城市有轨电车导向系统在色彩的设计上应采用对比强烈、易见度高、易于记忆的色彩搭配，并且导向牌颜色的设置具有系统连续性、区别性。特别是换乘站的不同线路应该使用不同的颜色，便于乘客的快速辨别。

（3）站内与站外的导向系统要合理衔接。站内站外的引导标志要合理衔接起来，站内要设置与周边公交线路等相关信息，合理引导客流。站外在一定范围内要设置引导至有轨电车车站出入口的标志。

由于城市轨道交通路网的不断建设，各条线路的交汇点也会逐步增多，乘客从某一站点乘坐轨道交通列车前往目的地时，往往需要在中途某一线路交汇站换乘另一条线路的列车。用不同的色彩标注不同的线路、列车、站名牌、导向标志牌等，使乘客根据线路色标、车身色带及导向标志色标就能判定自己处在哪一线路上，从而便利出行。

3.2　乘客信息服务系统

乘客信息系统，简称 PIS，是依托多媒体网络技术，以计算机系统为核心，以车站和车载显示终端为媒介向乘客提供信息的系统（见图 3-4）。

图 3-4　站台 PIS 设备

根据运营需求，有轨电车可设置乘客信息系统（PIS），向旅客提供运营信息和其他多媒体信息服务，乘客信息系统在正常情况下，提供乘车须知、服务时间、列车到发时间、列车时刻表、管理者公告、政府公告、出行参考、媒体新闻、赛事直播、广告等实时动态的多媒体信息；系统在紧急情况下应遵循运营紧急救灾信息优先使用的原则，在火灾、阻塞及恐怖袭击等非正常情况下，提供动态紧急疏散提示。系统应符合现代化有轨电车运营管理的发展趋势，以安全、可靠、先进为建设目标，以人性化服务为宗旨。

乘客信息系统具有以下功能：

（1）应急功能。

预先设定紧急信息：PIS 系统可以预先设定多种紧急灾难告警模式，方便自动或人工触发进入告警模式。

及时编辑发布紧急信息：当车站发生非预期的灾难且需要 PIS 系统即时发布灾难警告信息时，PIS 系统软件可以及时编辑发布紧急信息。

（2）宣传及广告发布功能。

PIS 系统可为轨道交通引入一个多媒体形象的展示平台，可以播出形象视频、图片、文字等，进行轨道交通形象宣传。

（3）显示列车服务信息及列车图像监视功能。

车站子系统的信息播放控制器通过综合监控系统实时接收列车服务信息，再控制指定的终端显示器显示相应的列车服务信息。

（4）时钟显示的功能。

PIS 系统可以接收时钟系统的时钟信号，确保终端屏幕显示时钟的准确性。时钟的显示通常为数字显示方式。

（5）定时自动播出的功能。

PIS 系统可以提供定时自动播出的功能，系统可以根据提前编辑设定好的播出列表自动进行播放。

3.3 消防系统（灭火器、消火栓）

3.3.1 灭火器

灭火器是一种由人力移动的轻便灭火器材，它能在自身压力作用下将其充装的灭火剂喷出扑救火灾，灭火器主要用于扑救初期火灾。城市轨道交通范围内使用的灭火器主要有干粉灭火器、二氧化碳灭火器、泡沫灭火器。

（1）干粉灭火器。

干粉灭火器（见图 3-5）内充装的灭火剂是干粉，根据充装的干粉灭火剂种类的不同，干粉灭火器可分为碳酸氢钠干粉灭火器和磷酸铵盐干粉灭火器。由于碳酸氢钠干粉灭火器只适用于扑救 B、C 类火灾，所以碳酸氢钠干粉灭火器又称为 BC 干粉灭火器；磷酸铵盐干粉灭火器适用于扑救 A、B、C 类火灾，所以磷酸铵盐干粉灭火器又称为 ABC 干粉灭火器（注：A 类指固体火灾；B 类指液体火灾；C 类指气体火灾）。

图 3-5　干粉灭火器

干粉灭火器的使用方法如图 3-6 所示，在使用干粉灭火器之前，应上下颠倒几次，目的是使干粉松动，便于喷出。干粉灭火器的检查方法是通过看灭火器上方的压力表（见图 3-7）来检测灭火器是否有效：若压力表指针指在绿色区域，表示有效；若指针指在黄色区域，表示压力过大；若指针指在红色区域，表示压力不足。压力过大和压力不足的情况都不可再使用，需送回充装站重新进行充装，以确保使用安全。

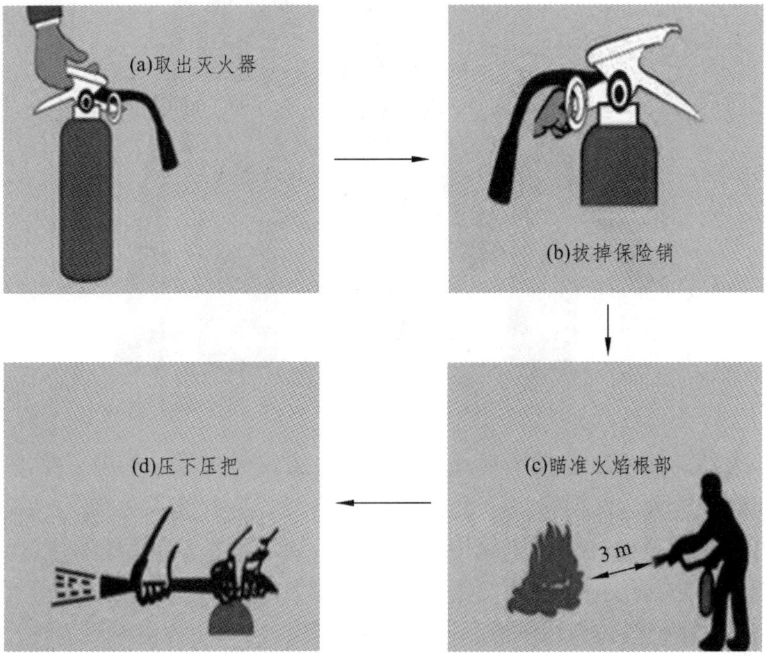

图 3-6　灭火器使用方法

图 3-7　灭火器压力表

（2）二氧化碳灭火器。

二氧化碳灭火器（见图 3-8）适用于扑救液体火灾、气体火灾、电气设备的初起火灾，如带电的电气、贵重设备、图书资料等，但不能扑灭 A 类固体火灾。

图 3-8　二氧化碳灭火器

二氧化碳灭火器的使用方法同干粉灭火器，检查方法是称重，需要定期对二氧化碳灭火器进行称重，如泄漏的灭火剂质量大于总质量的 1/10 时，应补充灭火剂。

二氧化碳灭火器在喷射过程中应保持直立状态，切不可平放或颠倒使用；不要用手直接握喷筒或金属管，以防冻伤；在室外使用时应选择在上风方向喷射，在室外大风条件下使用时，因为喷射的二氧化碳气体被风吹散，灭火效果很差；在狭小的室内使用时，灭火后操作者应迅速撤离，以防被二氧化碳窒息而发生意外；用二氧化碳扑救室内火灾后，应打开门窗通风。

（3）泡沫灭火器。

泡沫灭火器（见图 3-9）用来扑救固体、液体发生的火灾，不能扑救带电设备火灾。泡沫灭火器的使用方法及检查方法同干粉灭火器。

图 3-9　泡沫灭火器

3.3.2　消火栓

消火栓给水系统是一般建筑物应用最广泛的一种消防设施，它既可供火灾现场人员使用消火栓内的消防软管及消防水枪扑救初期火灾，又可作为消防队扑救火灾的现场水源。

消火栓由消防水源、消防水管、室内消火栓箱（水带、水枪、消防软管卷盘）和室外消火栓、消防水泵等组成。

消火栓使用方法（见图 3-10）如下。

（1）打开消火栓箱，取出水带。

（2）抛水带：右手握住水带，然后用力向正前方抛出，使水带向正前方摊开。

（3）接水带：右手将水带接头与消火栓接头对接并顺时针转动至卡紧为止。

（4）接水枪、打开水龙头。迅速拿起另一头水带接头，一手拿着水枪向着火部位冲去，将水枪头接上水带接口并将水龙头打开。

（5）灭火。如遇电气火灾，注意先断电后灭火。

（a）打开或击碎箱门，取出消火水带

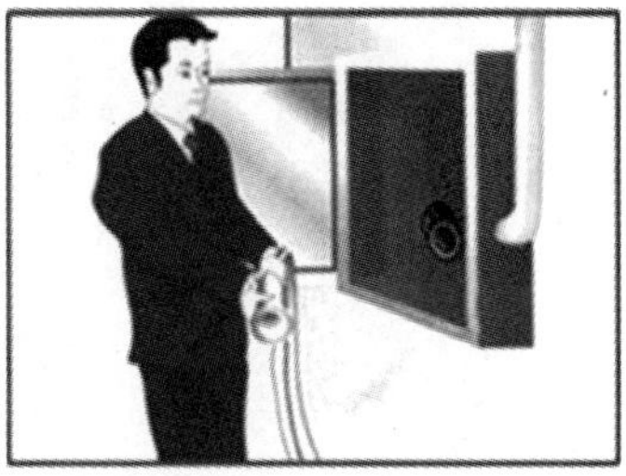

（b）展开消火水带

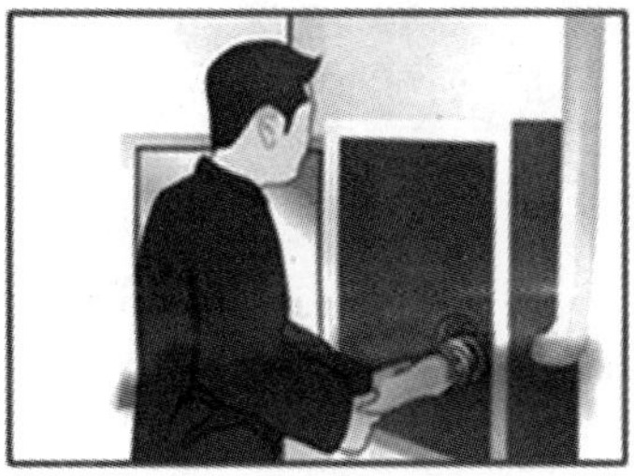

（c）水带一头接到消火栓接口上

（d）另一头接上消火水枪

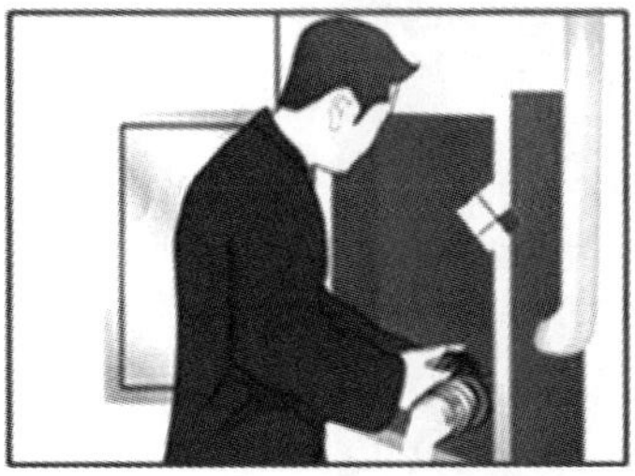

（e）另外一人打开消火栓上的水阀开关

（f）对准火源根部、进行灭火

图 3-10　消火栓的使用方法

3.4 售检票系统

根据不同的售票和检票位置，可用于有轨电车的售检票方式主要分为车上售检票方式、车外售检票方式和车下售票车上检票方式 3 类。

3.4.1 车上售检票方式

车上售检票方式是指售票和检票功能在车辆上完成，具体包括以下 3 种类型。

（1）纸质票人工售检票，即直接采用车上人工售票方式。售票员使用不带打印功能的手持式检售票机（见图 3-11）进行售票操作，售检票一次完成，并提供定额发票，该方式可解决无零钱乘客的购票检票需求，同时手持式检票机内的售检票交易信息可方便地导入后台计算机系统，方便了收银和统计工作。

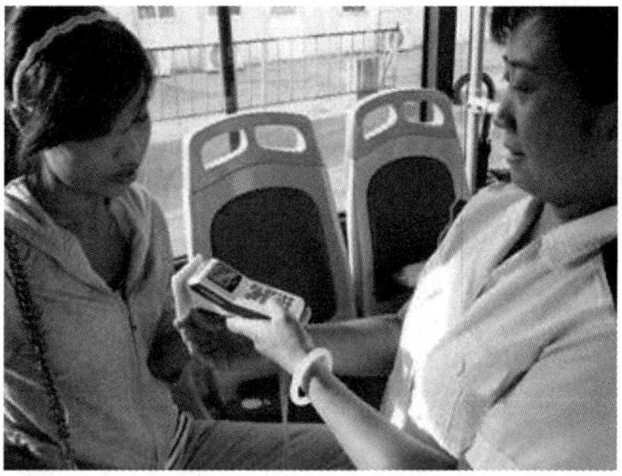

图 3-11 手持式检售票机

（2）投币机方式。

类似于无人售票公交车，在有轨电车上客门处设置投币机（见图 3-12）以实现无人售检票的功能。

图 3-12 投币机

（3）IC 卡车载 POS 机检票方式（见图 3-13）。

IC 卡乘客通过上车刷卡实现有轨电车的检票功能，从资源整合的角度，可直接使用当地城市已发行市民卡、公交卡等，以实现公交和轨道一卡通用功能。在这种情况下，售票是通过市民卡、公交卡系统充值网点完成的，有轨电车公司通过定期与市民卡公司、公交公司对账结算获取营收票款。如 IC 卡为有轨电车公司自行发行，则可通过设置有轨电车卡服务网点充值完成售票功能。

图 3-13　IC 卡车载 POS 机

3.4.2　车外售检票方式

车外售检票方式指售票和检票功能在车外完成，IC 卡乘客在车站通过闸机（见图 3-14）刷卡付费同时完成检票；其他乘客在车站人工售票点或自动售票机（见图 3-15）购票，通过闸机检票。

图 3-14　闸机

图 3-15　自动售票机

3.4.3　车下售票车上检票方式

车下售票车上检票方式是指乘客在车站人工售票点或自动售票机（见图 3-15）购票，上车后在车内安装的车载检票机上检票，持卡乘客上车后刷卡。

以北京现代有轨电车售检票系统为例，北京现代有轨电车售检票系统采用独立运营、半封闭的车上检票方式，对于客流量较集中的车站也可将站台封闭，在站台上临时设置移动检票设备进行检票。系统采用北京市政一卡通系统发行的储值票，在沿线合适的位置设置充值、查询设备对一卡通车票充值、查询。单程票可采用人工在列车上向乘客发售的方式，也可在站台上设置自动售票机，系统通过线路中心与一卡通中心间的接口来实现系统的票务清分。系统设计应可靠、安全，具备可扩展性和可维护性，系统设备应能适应 7×24 h 不间断工作的要求。系统设备应满足自然环境条件、车站环境条件抗电磁干扰的要求。

3.5　照明系统

照明系统主要有一般照明、节电照明、事故照明及广告照明，可以实现分区控制。应急照明是由车站正常照明发生故障时，为疏散乘客而提供的照明，通常由蓄电池供电；动力照明系统的低压配电采用 220/380 V 三相四线制系统。

根据各类设备用途和重要性，车站及区间用电设备负荷分为三级。

（1）一级负荷：变电所用电、应急照明、地下区间照明、废水泵、雨水泵、消防系统设备等。

（2）二级负荷：车站公共区正常照明、区间检修电源、设备管理用房照明、不用于疏散的自动扶梯、电梯、污水泵、普通风机及相关阀门、检修电源等。

（3）三级负荷：电热设备、清扫电源及其他不属于一、二级负荷的用电设备，且停电后不影响轨道交通正常运行的负荷。

3.6 电梯系统

3.6.1 自动扶梯

自动扶梯是带有循环运动梯路向上或向下倾斜输送乘客的固定电力驱动设备（见图 3-16）。为保证乘客的安全，自动扶梯裙板或自动扶梯口设有安全提示标志（见图 3-17、图 3-18）。当自动扶梯发生紧急情况危急乘客人身安全时，可立即按下设置在自动扶梯上端或下端的自动扶梯紧停按钮（见图 3-19），使正在运行中的自动扶梯紧急停止。

3.6.2 垂直电梯

垂直电梯是提供给坐轮椅和盲人等不方便使用步行楼梯或自动扶梯的乘客上下楼梯使用，连接车站站台到地下通道或地面的乘客运送设备（见图 3-20）。

图 3-16 自动扶梯

图 3-17　安全标志

图 3-18　安全警示牌

图 3-19　自动扶梯紧停按钮

图 3-20 垂直电梯

4　车站运作管理

4.1　车站管理模式与组织架构

4.1.1　有轨电车运营管理的几种基本模式

（1）公办运营管理模式。

线路建设及后期运营权均为政府所有，按照行政区来划分经营范围。伦敦、纽约、柏林、巴黎、北京、广州等采用这种模式，该模式往往可以保障线路的公益性，但在后期盈利方面常会遇到较大瓶颈。适用于建城历史较为悠久、人口规模大、基础设施较为成熟的城市，或基础设施薄弱、亟待配套的城市开发新区。

（2）官办民营模式。

线路为政府所有，交由政府股份、民间股份占主导地位的上市公司或社会公共团体经营。中国香港、新加坡轨道交通的运营管理采用这种模式，由于此模式在保障政府负担基础性设施建设的同时，加入了民间资本，带来了福利性和盈利性的良好融合，基本上能够自给自足。适用于前期具备较好发展基础，可以实现初期盈利的城市区域。

（3）私办私营模式。

线路由私人集团投资建设，由私人集团经营，政府无权干涉。曼谷轻轨就采用这种模式。该模式适用于有轨电车建设成本和物业开发难度均较低的城市及城市区域。

4.1.2　运营管理功能及特点

现代有轨电车在公共交通体系中能够承担城市主干线路的公交客运，或者作为地铁轻轨构建区域的补充公共交通网络，其运行线路不完全封闭，存在与地面公共交通的平面交叉路口，不同于其他轨道交通完全封闭的运行环境，无法采用轨道交通信号系统中的闭塞控制。路权形式根据不同的需要和现场条件是多样的，即便是同一条线路的不同地点，路权形式也可以发生变化。大多数情况下，国内现代有轨电车通常采用非独立路权方式运行，对运输能力、效率和安全等方面均提出了很高的要求。有轨电车驾驶方式与公交类似，由司机驾驶车辆，根据电车速度判断并保持与前车的安全距离。

总体来说，现代有轨电车与其他轨道交通有着较大的差别，运营管理功能定位应主要体现安全快捷、经济合理、运营高效等特点。现代有轨电车在投资规模上远远低于地铁和轻轨，各业务功能系统的规模相比地铁、轻轨等传统城市轨道交通要小得多，从节省投资、减少接口、降低实施难度等方面考虑，运营管理系统需要在确保各功能完整性的基础上，打破地铁、轻轨等城市轨道交通原有各专业系统之间的壁垒，进行系统集成整合，实现系统精简、平台化、集约化、资源共享、设备综合化，这将大大减少系统的实现成本，提高运营管理效率。

4.1.3　运营组织架构

谈及有轨电车运营组织架构，就不得不提及城市轨道交通车站组织架构。

相比较有轨电车而言，城市轨道交通的运营人员组织架构要复杂得多。单从各城市轨道交通运营车站来说，人员安排就比较复杂，而且分工明确。车站是城市轨道交通系统的重要组成部分，是企业与服务对象联系的主要环节。车站管理的核心任务是安全、迅速、方便地组织客流集散，并做好行车组织工作。随着城市轨道交通车站设备设施的不断发展变化，我国各大城市轨道交通车站的设备设施及岗位设置也不尽相同，部分岗位工作职责及作业程序也存在较大差异。一般来说，城市轨道交通车站常驻人员有站务运营人员、保安人员、保洁人员、设备维修人员、城市轨道交通公安人员等。

由于绝大多数有轨电车的运营更倾向于公交系统，车站运营并没有严格划分为付费区与非付费区，因此有轨电车的车站人员安排并不固定，随机性比较大。绝大多数有轨电车车站并不设置人员，部分车站根据运营模式及早晚高峰情况适当安排协调人员，不固定。

各地有轨电车岗位人员设置基本相同，部分城市有轨电车人员设置依据城市特点略有差异。有轨电车各岗位各司其职，方可保证有轨电车正常运营。

4.2　各岗位工作职责

与城市轨道交通封闭式的车站管理不同，有轨电车人员设置相对简单，主要包括值班主任、值班副主任、调度员、驾驶员、客运员、票务员、维修员等。本部分主要介绍各岗位工作职责及工作标准。

4.2.1　班型班制

乘务员为三班两运转，采用白夜休的班次安排，确保每列车内有两名乘务员为乘客提供客运服务。

司机（驾驶员）为三班两运转，采用白夜休的班次安排，每列车由一名司机担当驾驶任务，确保安全运营。

4.2.2　各岗位具体工作职责

（1）车场调度员（运营公司）岗位职责。

① 根据时刻表及 DCC（调度控制中心）调度长指令，操作微机联锁设备，组织列车进出段作业。

② 根据车辆检修计划及调车计划单，组织段内调车作业。

③ 根据洗车计划及 DCC 调度长指令，与洗车机操作人员配合，组织完成洗车作业。

④ 根据施工计划及 DCC 调度长指令，落实各项施工的清、销点作业。

⑤ 遇设备故障等，及时处理，并向 DCC 调度长报告。

⑥ 及时完成上级交办的其他事项。

（2）行车调度员岗位职责。

① 负责正线列车行车组织、调度指挥工作。

② 负责在突发情况下正线的应急处理工作。

③ 负责正线施工管理工作。

④ 负责加强与各相关岗位之间的沟通。

（3）值班主任岗位职责。

① 负责指导本班各专业调度人员的业务工作。

② 负责加强与本班次各专业调度员的联系。

③ 负责运营信息管理工作。

④ 负责领导本班各专业调度员进行施工组织工作。

⑤ 负责本班各项安全指标的控制。

⑥ 负责本班安全生产工作，并定期组织检查。

⑦ 负责本班次事故、事件、故障处理，并组织分析。

⑧ 负责配合相关部门开展事故、事件调查、取证工作。

⑨ 参与线路调度所相关运营突发事件应急预案的编制。

⑩ 负责领导本班各专业调度员进行应急处理指挥工作。

⑪ 负责编写分公司“运营日报”。

⑫ 负责主持调度交接班会。

⑬ 负责组织本班各专业调度员进行业务培训。

⑭ 负责每月向调度部经理汇报本班行车组织、调度指挥工作。

⑮ 经常与员工保持沟通，确保内外部良好工作关系。

⑯ 负责班组内调度员考勤考核。

（4）司机岗位职责。

① 执行《行规》《司机操作手册》《司机管理手册》和《车辆故障处理指南》的规定，正确操作列车。

② 严格按《司机操作手册》的程序和标准，做好出车前的检查准备工作，对不合要求的列车，报告车辆段调度，按其指示执行。

③ 严格按照“列车时刻表”或调度的命令行车，确认行车凭证，执行手比口呼的作业制度。

④ 执行立岗标准，按规定开、关车门。

⑤ 按规定认真完成车辆段内及正线上的各种作业，列车运行中不间断瞭望，遇影响行车或设备、人身安全情况要积极采取措施，及时消除隐患，并做好列车状态卡和行车记录的填写。

⑥ 团结协作，树立全心全意为乘客服务的职业道德，认真学习专业知识，努力提高业务操作水平。

⑦ 对学员进行业务指导。

⑧ 在运营中发生的问题要按规定向行调汇报，退勤时及时填写事件单并向派班员汇报。

⑨ 完成上级领导交办的其他工作。

（5）乘务员岗位职责。

① 使用文明服务用语，做好开车前、运行中、到站前的各项宣传和站名预报工作。

② 做好清车、途中售票、检票、验票和上、下行包等工作；严禁乘客携带危险品、禁运物品和超限量物品上车。

③ 严格执行票价制度和票据管理及营收报解制度，负责票据的领取、登记、发售和保管等工作。

④ 维护乘车秩序，爱护车内设施，保持车内清洁卫生，行车中积极配合驾驶员做好安全宣传工作。发生事故时要及时抢救伤员，协助驾驶员做好有关工作。

⑤ 遵守客运有关规定和运输纪律，服从管理，主动配合稽查人员做好客运检查工作。

4.2.3 乘务员服务内容及工作标准

（1）上客前搞好车内卫生，准备好售票必备用品、里程票价表、乘客意见簿及车上其他服务用品。

（2）发车前面向乘客站立，进行“七报二宣”（报车线路、驾乘人员服务号、运行方向、班次、运行时间、全线里程、中途停靠站点，宣传乘车常识和安全卫生常识），按 GPS 发车信号后，关好车门。

（3）运行途中适时做好各项宣传工作，途经险要路段要及时提醒驾驶员和乘客注意安全。

（4）车辆在运行途中停靠站时，应宣传按顺序上下车，做到报站准确及时，乘客上下有序，验票认真，防止错下错乘，核实上车乘客，及时售票。售票时精力集中，操作熟练准确，唱收、唱付、唱站名，票、款同时交付乘客手中。

（5）运行途中与有稽查人员检查时，应主动向乘客说明情况，配合接受检查。

（6）车到终点站前，应及时报站名，介绍当地主要单位地址、乘车路线、风土人情、名胜古迹及其他线路转乘并讲结束语。到站停稳后，按先后顺序下车验票。

（7）检查车内有无乘客遗失的物品，清扫车上卫生。

（8）收车后向路队汇报本班次工作情况及线路上客流变化等有关情况，签退下班。

5 票　　务

5.1 有轨电车售检票方式

截至 2020 年 5 月 1 日，中国内地包括沈阳、大连、长春、天津、上海、苏州、南京、青岛、广州、淮安、珠海、武汉、深圳、北京、成都、佛山、天水在内的 17 个城市的有轨电车已投入运营，共计 31 条线路，总运营里程 430.342 km，总轨道里程 379.826 km。现代有轨电车作为本世纪最受欢迎的轨道交通工具之一，符合城市发展需求，具有广阔的发展前景。

现阶段，我国城市轨道交通全部采用自动化程度高、功能完备的自动售检票系统（Automatic Fare Collection System，AFC 系统），实现了乘客自助购票、自助检票，且进、出站检票机将车站划分为付费区与非付费区两部分，有效避免了逃票、漏票现象的发生。相较于城市轨道交通统一的售检票模式，我国现代有轨电车打破传统有轨电车全部采用车上售票或司机直接监票模式，结合城市发展及乘客需求发展出多种售检票方式，主要包括以下 3 种方式。

（1）车内售检票，即车上售检票。售票和检票功能在车辆上完成，包括车上人工售检票方式、投币机方式以及 IC 卡车载 POS 机 3 种类型，前面已作阐述，不再赘述。

（2）站台售检票，即车下售检票。售票和检票作业在站台完成，包括站台封闭式售检票、站台封闭式售检合一两种类型。

（3）车下售票、车上检票，主要包括站台售票、车内检票和站台售票、无检票两种类型。

5.1.1 车内售检票

（1）布置形式：上下客门、站台不封闭、站台无售票机、车内安装投币刷卡机；站台不安排乘务员、车内需配备乘务员。

这种售票方式与我国传统有轨电车和公交车基本一致，需区分上下客门，例如淮安有轨电车一侧共有五个乘客门：一三五门下车、二四门上车。车上每个上客门安装投币机与刷卡机，刷卡机可以附带扫码功能实现电子支付。理论上，只有每个上客门都安排乘务员才能彻底杜绝逃票现象，但是国内大多数使用此种售检票方式的有轨电车系统只在车内安排一名乘务员。

（2）适用线路：单一线路、单一票制、客流量中等、列车间隔较大、各站客流量较为均衡的有轨电车线路。

（3）优缺点分析。

① 优点：站台无须封闭、无须安装售票机，节省土建成本；乘车方式与公交相似，乘客

接受度高；车内有人值守，乘客携带违禁物品较容易发现，安全性高。

② 缺点：分门上下效率低，高峰期易造成车内乘客密度分布不均、拥堵在上车门导致列车滞站情况；成网化运营后换乘需重新购票，无法达到网络化运营效果，只能通过交路多样化解决；在人员成本和逃票率之间难平衡，需要乘客有较高素质。

（4）国内应用：现阶段，沈阳浑南有轨电车（见图 5-1）、南京河西有轨电车、淮安有轨电车（见图 5-2）、青岛城阳有轨电车、武汉大汉阳车都有轨电车均采用这种方式。

图 5-1　采用车内售检票的浑南有轨电车

图 5-2　采用车内售检票的淮安有轨电车

针对车内售检票的缺点，部分城市有轨电车根据实际需求进行了调整。例如，武汉大汉阳车都有轨电车车内安排两位乘务员，有效保障了购票率、车内服务及安全；淮安有轨电车由于线路客流大，为了避免高峰时乘客堵在车门导致车内乘客分布不均和车辆滞留站台晚点等情况，在高峰时间，部分车站启用站台售票（见图 5-3）。站台售票并无固定的时间段，根据客流情况随时灵活机动。部分大站设置有专门的备品间（见图 5-4）存放流动投币机和刷卡机，需要时推到相应车站即可使用。

5.1.2　站台售检票

站台售检票即在车下完成售票、检票作业，分为站台封闭式售检票和站台封闭式售检合一。站台封闭式售检票即指站台封闭，乘客在站台外购买车票后通过闸机检票进站。站台封闭式售检合一是指售检票集合在闸机，车站和车内无其他任何售检票设备。

图 5-3　淮安有轨电车高峰期间站台售票

图 5-4　淮安有轨电车水渡口站备品室

1. 站台封闭式售检票

（1）布置形式：不分上下客门、站台封闭、站外售票、闸机检票、车站设置售票处、车内无任何售检票设备、站台安排售票员、车内不安排乘务员。

这种售票方式与国内地铁几乎完全相同，站台封闭，需要设置人工售票处以解决购票、超程等票务问题。可以使用纸质二维码单程票（见图 5-5），也可以使用与地铁相同芯片卡式单程票。

图 5-5　采用纸质车票的北京有轨电车西郊线，右侧为超程补票

这种售检票方法可以有效杜绝逃票行为，并且对于成网运营的线路可以一票换乘，对于线网规模较大较长的线路可以实施分段/区计费。如果与地铁线路换乘较为便捷，甚至可以将换乘通道封闭为付费区，将有轨电车融入地铁线网，与地铁线路联网运营、一票乘车，避免换乘重新购票的客流积压。

（2）适用线路：规模大、成网运营的有轨电车系统。与地铁无缝换乘一票通行，作为地铁线路的延伸和补充。

（3）优缺点分析。

① 优点：模式成熟、完全杜绝逃票、与地铁联网运营、可实现长线分段计费。

② 缺点：土建成本极高；站台需配备闸机、屏蔽门、售票室，需安排车站定岗售票员，侧式站台更需配备两套设备和人员；对于单线运营的有轨电车系统毫无意义。

（4）国内应用：北京有轨电车西郊线（见图 5-6、图 5-7）。

图 5-6　北京有轨电车西郊线车站设售票处

图 5-7　北京有轨电车西郊线香山站

2. 站台封闭式售检合一

（1）布置形式：不分上下客门、站台封闭、售检票集合在闸机、车站和车内无其他任何售检票设备、站台只需在大站安排乘务员维持秩序、车内无需安排乘务员。

这种售票方式国内在南京有轨电车应用（见图 5-8、图 5-9）。闸机上设置有投币口和扫码区，支持现金、公交卡和互联网支付。乘客在完成付费后闸机自动开启，出站时直接推动闸机旋杆即可出站。这种方式无需设置售票室、无需安装售票机，只需安装闸机和屏蔽门封闭付费区即可，相比地铁的售检票方式大大简化。

图 5-8　南京麒麟有轨电车马群站

图 5-9　南京麒麟有轨电车

（2）适用线路：单一线路或成网的单一票制线路、沿途部分站点客流量小、列车密度大小均可适用。

（3）优缺点分析。

① 优点：设备成本低，无须设置售票机；人员成本低，理论上车内和站台均无须安排人员值守；付费区封闭，可用于成网运营线路。

② 缺点：如果闸机较容易翻越会出现较严重的逃票情况，需要使用较高的闸机和屏蔽门；乘客携带违禁品上车较难发现；不适用于分段计价线路；闸机如遇故障无法及时发现处理。

（4）国内应用：江苏南京河西、麒麟有轨电车。

5.1.3　车下售票、车上检票

车下售票、车上检票即在站台安装售票机，乘客乘车前在站台购买车票，上车后由流动查票员查票，也有部分有轨电车车内不设检票员检票。分为站台售票、车内检票和站台售票、无检票两种形式。

1. 站台售票、车内检票

（1）布置形式：不分上下客门、站台不封闭、站台安装售票机（见图 5-10）、车内安装检票机（见图 5-11）；站台不安排乘务员、车内配备流动查票员。

这种售票方式与公交或地铁的售检票方式均不同。站台为开放形式，安装售票机，乘客在站台售票机上购买纸质二维码车票，上车后在车载机器上扫码检票，持卡乘客上车后刷卡。在车上也可以设置一个售票机供没来得及在站台买票的乘客购票。如果每个车门都安装有刷卡检票机就无需分门乘车。

车上需安排固定乘务员或流动稽查员查票，未购票刷卡、购票未检票、检票列车号与实际乘车不符均会被认定为无票乘车，需按照当地规定补交票款及数额不等的罚金。这种售检票方法的原则为车票只能使用一次，中途下车即失效，我国应用这种售检票方式的线路全部为单一票制。

（2）适用线路：单一线路、单一票制、沿途有部分车站客流量较小、列车密度大小皆可适用。

图 5-10　有轨电车售票机

图 5-11　车门旁边机器为刷卡验票机

（3）优缺点分析。

① 优点：站台无须封闭，建设成本低；不区分上下车门，乘降效率高，车内乘务员灵活机动，无须固定要求一人一车。

② 缺点：需在站台设置售票机，有轨电车站台开放须考虑售票机风吹雨淋甚至被人为破坏的可能性。站台买票上车检票流程复杂，乘客学习成本高，可能会造成处罚纠纷。并且由于轨道交通运营企业没有执法权，只能通过补交数倍票价的方式来达到“罚款”的目的，需要完善制度与查票流程，避免让查票流于形式，出现大面积逃票的情况。

（4）国内应用：广州海珠有轨电车、广东珠海有轨电车、湖北武汉光谷有轨电车、广东深圳龙华有轨电车。

2. 站台售票、无检票

（1）布置形式：不分上下客门、站台不封闭、在站台刷卡或购票、车站不安排乘务员、车内安排流动查票人员。

这种售票方式在我国香港屯门轻铁应用（见图 5-12、图 5-13）。在站台设置售票机和刷卡机。对于联网运营线路，乘客可以在规定时间内任意换乘而无需重新购票。持卡乘客进出站均需刷卡即可实现分段计价票制（见图 5-14）。

车上需安排固定乘务员或流动稽查员查票，未购票刷卡、车票超时、越站乘车等均会被认定为无票乘车，需按照当地规定补交票款及数额不等的罚金。

图 5-12　完全开放的屯门轻铁站台

图 5-13　香港屯门轻铁

入站收费器
Entry Fare Processor

出站收费器
Exit Fare Processor

图 5-14　计程票制，进出站均需刷卡

（2）优缺点分析。

① 优点：站台无需封闭，土建成本低；车站无需安排人员，车内稽查人员灵活机动，无需固定要求一人一车。

② 缺点：需在站台设置售票机，有轨电车站台开放须考虑售票机风吹雨淋甚至被人为破坏的可能性。查票制度在国内公共交通行业并不普遍，乘客可能较难理解，高峰期车内拥挤情况下查票工作难以展开。并且由于轨道交通运营企业没有执法权，只能通过补交数倍票价的方式来达到“罚款”的目的，需要完善制度与查票流程，避免让查票流于形式，出现大面积逃票的情况。

（4）国内应用：香港屯门轻铁。

5.1.4　售检票考虑因素

售检票方式一般考虑以下因素。

（1）客流需求。

车站的上下客流量影响着车辆的停站时间。车内售检票的方式需要限定上下车门（例如淮安有轨电车一侧有五个乘客门，规定第二四门上车，第一三五门下车）。对于客流量较大的线路或车站，需采用上下客效率较高的售检票方式。采用封闭式售检票方式可以减少停站时间，满足快速运营的需要，提高客运效率。但是如果只是乘降效率高，进出站效率低，会造成乘客积压在站台或站外。

（2）换乘方式。

现代有轨电车系统只有形成网络后，才能发挥最大的效用。国内现代有轨电车虽然目前大都是单线运营，但基本都有成网运营的规划。网络内的换乘对于现代有轨电车的发展极为重要，而售检票方式往往是换乘方式的主要决定因素之一。车内售检票和站台售票车内检票形式就无法实现一票换乘，影响有轨电车线网的吸引力。因此，售检票方式需与未来的换乘方式结合进行考虑。

（3）票价制式。

系统的票价制式对于售检票方式有直接影响，如果采用分段或分区计程收费票价制，宜采用车外售票的检票方式。

（4）人工成本。

任何售检票方式，都要专业人员进行运营和管理，人工成本是现代有轨电车运营成本的重要组成部分，在选择售检票方式时应将人工成本纳入考虑范围。并且也要与车站客流量相结合，一些售检票方式无须在车站安排人力，但可能由于实际运营中的大客流等特殊情况，仍要安排人员值守。

（5）经济指标。

与售检票方式有关的经济指标包括车站建设费用、车站售检票设施、相关的土建、机电、工程以及相关设备的运营期维护费等，在选择售检票方式时应根据项目情况在经济指标间寻求平衡。

5.2 有轨电车票卡媒介

票卡是乘客使用的车票，是乘客乘坐有轨电车的有效乘车凭证，记载了乘客从购票开始，到完成一次完整旅行的费用、时间、乘车区间等信息。由于票卡记载了有关乘车信息，因此也称为票卡媒介。

不同票卡媒介记载信息的方式和数量是不同的，根据信息记载方式的不同，识别方式也不同。

目前，国内各大城市，如北京、上海、南京、广州、深圳等，其地铁自动售检票 AFC 系统的票卡媒介一般采用非接触式 IC 卡（Integrated Circuit Card），并且都已成功实现“一卡通”业务，即除了在地铁系统换乘，还可以实现在公交、出租、有轨电车等系统的换乘；另外，还可以实现在停车场、加油站、便利店、超市等地的刷卡消费，该技术还将在其他领域不断完善。

现代有轨电车由于其售检票方式与地铁系统差别较大，因此票卡媒介相比较地铁系统不尽相同。

5.2.1 纸　票

常见的纸质车票有普通纸票和条形码纸票。

（1）普通纸票：将车票的相关信息印制在车票上，由票务人员视读确认。

在设计纸票时，应包括票面的形式、所需的基本信息和特殊信息，如车票编号、车票价格等明示信息，便于购票和票务人员验证、确认。纸票一般由存根、主券、副券组成（见图 5-15）。购买纸票时，售票员从车票存根处撕下后将其余部分交给乘客。存根是地铁车站内部进行收益核算时使用；副券是乘客在进站检票时，提供给检票人员检查的；主券留给乘客收藏或作为报销凭证使用。

图 5-15　普通纸票样张

（2）条形码纸票（见图 5-16）：将车票的相关信息通过条形码或二维码编码存储，由条形码扫描仪完成信息识别，标识的信息只供读取而不能改写。

9 787302 048299 >

图 5-16 一维和二维条形码

条形码纸质车票相对于普通纸质车票而言，具有信息存储量大、自动识别速度较快、读码效率较高、纠错能力较强的特点，可提高检票系统的处理速度和识别性能，有利于车票的自动化检测。

一维条码所携带的信息量有限，如商品上的条码仅能容纳 13 位（EAN-13 码）阿拉伯数字，更多的信息只能依赖商品数据库的支持，离开了预先建立的数据库，这种条码就没有意义，因此在一定程度上也限制了条码的应用范围。基于这个原因，在 20 世纪 90 年代发明了二维条码。二维条码具有一维条码的优点，同时还有信息量大、可靠性高，保密、防伪性强等优点。

由于条形码纸质车票只能在购票时记录站名和发售时间，无法记录进站时间等及时统计信息，对计时制管理的票务系统有一定的影响。现阶段，大部分城市轨道交通均采用计程限时票制，因此条形码纸质车票在地铁行业并不适用。而现阶段的有轨电车通常采用单一票制，不计乘车时间，因此条形码纸质车票可满足有轨电车的购票需求。与此同时，随着科技的发展，检票系统进入到了新的阶段，二维码纸质车票相较于一维条形码纸票而言更安全、更可靠。为此，目前绝大多数城市的有轨电车均采用二维码纸质车票（见图 5-17）。

图 5-17 广州有轨电车纸质二维码车票

5.2.2 智能卡车票

智能卡车票是将车票的所有信息储存在票卡的集成电路中，用智能卡读写设备获取卡内相关信息。其最大特点是信息储存量大和信息的可修改。

智能卡（Smart Card）又名 IC 卡或集成电路卡，是法国人 Roland Moreno 于 1970 年发明的，同年日本发明家 Kunitaka Arimura 获得首项智能卡专利。这种具有智能性记忆又便于携带的卡片，为现代信息处理和传递提供一种新手段，作为一种新型传媒介质，智能卡已被广泛应用到各领域。

智能卡涉及微电子技术、计算机技术和信息安全技术，镶嵌于塑料基片中的集成电路芯片具有储存、加密技术处理等能力。

智能卡按读写距离可分为接触式智能卡和非接触式智能卡。

（1）接触式智能卡。

接触式智能卡是将智能卡的绝大部分电气部件进行封装，与外部连接线路做成外露触点，并按一定的规定排列，在进行读写时卡片须插入读写器的卡座中，通过与读写设备的接触点接触后传输交换信息。接触式智能卡样张如图 5-18 所示。

（2）非接触式智能卡。

非接触式智能卡是将相关电路封装在智能卡内，采用射频技术，通过收发天线与读写设备进行信息交换。由于与读写设备不直接接触，故称为非接触式智能卡，其结构如图 5-19 所示。

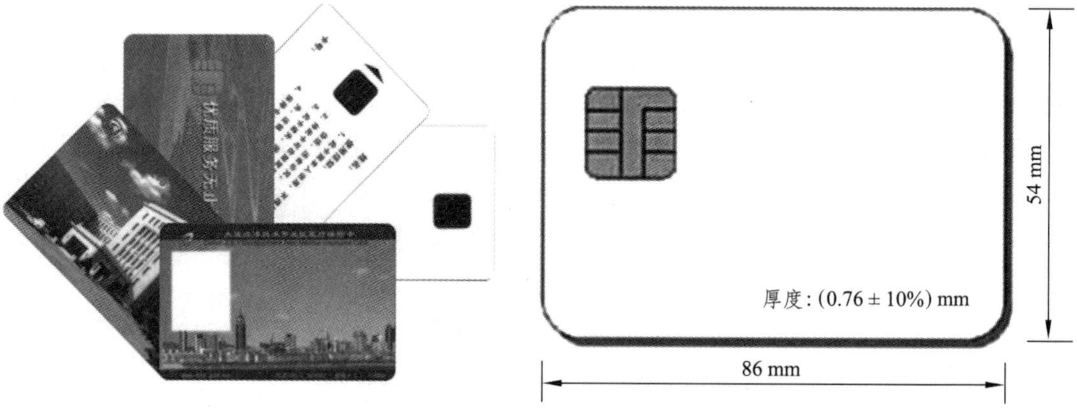

图 5-18 接触式 IC 卡构成

非接触式IC卡由集成电路、天线和封装材料构成

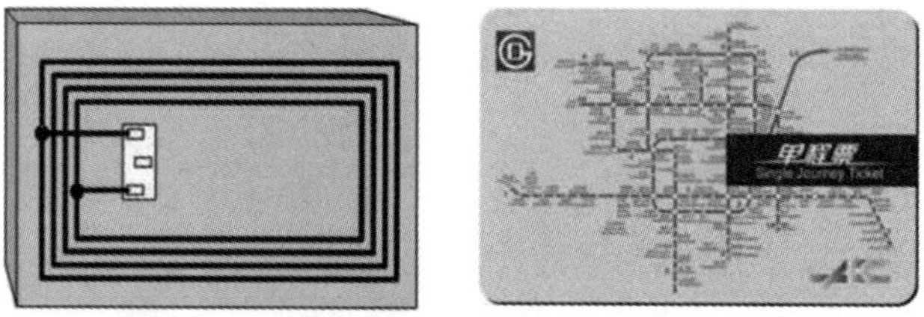

(a) 集成电路和天线 (b) 封装材料

图 5-19 非接触式智能卡结构

非接触式智能卡不存在外露接触电极，不怕潮湿和污染，可有效避免系统因频繁接触的机械式摩擦而引发的故障。智能卡还具有抗磁场和防静电破坏功能。由于不需要与读写设备直接接触，故读写时无方向性要求，读写距离可达 10 cm。非接触式智能卡具有抗弯折能力，封装的电路安全、可靠，故使用寿命较长。

非接触式智能卡由于制作成本低、使用安全可靠、便于使用者设计专用的读写设备和后台管理系统、高安全保密性（难以复制）和大储存量、易与计算机系统交换数据等优点，广泛应用于城市公交、轨道交通、社会医疗保障、社会补给保障、电子身份识别和电子护照等众多领域，取得良好的社会和经济效益。

城市轨道交通主要使用非接触式 IC 卡，储值票通常采用薄卡型，单程票通常采用的选型有薄卡型和筹码型（TOKEN）两种。

由于非接触式 IC 卡的制作成本相对较高，且有轨电车的售检票方式同城市轨道交通有很大的不同，所以现阶段非接触式 IC 卡在有轨电车上的应用主要集中在一卡通、市民卡等储值类车票。目前松江有轨电车、珠海有轨电车、淮安有轨电车等均使用非接触式 IC 卡单程票，且发售时不收取押金，购票乘客出站时需主动将车票投至回收箱。

5.2.3 购票方式

目前，有轨电车常见的购票方式有 3 种。一是通过在站台上或者车上设置的自助售票机购票，乘客自助选择目的地车站后投入现金或扫码支付，取到纸质二维码车票后上车扫码；二是上车直接刷一卡通或各城市的市民卡；三是用手机刷二维码付款，即下载有轨电车的相关 APP，进入购票界面后，手机扫码上车。

5.2.4 票务政策

票务政策主要是指有轨电车运营企业对计价方式、车票使用、乘车限制、乘车时限、优惠乘车、免费乘车、补票及退票等方面的规定。

1. 计价方式

目前，在有轨电车行业采用的票价制式主要有单一票价制和计程票价制。

（1）单一票价制。

单一票价制是指不论乘客乘坐里程长短或站点数多少都实行一种价格的票价制。目前绝大多数已开通的有轨电车均采用单一票价制。

（2）计程票价制。

计程票价制又分为按区间分段计价和按里程计价两种。

① 区间分段计价：是指按乘客乘坐的车站区间数量实行多级票价，根据设定的基本起步价、起价区间、每个计价段包含的区间数、每一计价段价格等进行票价的计算。

例如：屯门有轨电车共有 68 个车站，分为 6 个区，对于购票乘客，根据乘坐车费区数分区计费，对于刷卡乘客，则根据乘坐车站数量分段计费。

② 里程分段计价：是指按乘客乘坐的运营里程长短实行多级票价，根据设定的基本起步

价、起价里程、每个计价段包含的里程数、每一计价段价格等进行票价的计算。

例如：北京有轨电车西郊线实行与北京地铁相同的里程计费票制，6 km 及以内票价 3 元，6 km 以上票价 4 元（全程 9 km）。

（3）翻牌制票价。

苏州有轨电车在开通初期为车上售票，翻牌制票价。由上车站至终点站超过 10 km 则该站票价 3 元，不超过 10 km 则该站票价 2 元。票价与乘客乘车里程无关，仅与上车站和车站位置有关，同一车站不同方向票价也可能不同，车内刷卡机会根据位置自动调整。这种票制在国内应用很少，但是苏州公交却广泛应用，乘客接受度高。

单一票价制与计程票价制优缺点如表 5-1 所示。

表 5-1　单一票价制与计程票价制优缺点

类型	单一票价制	计程票价制	
		按区间分段计价	按里程分段计价
优点	票制单一，易于管理和操作，服务人员相对较少	考虑了长、短途客流的需求，票价相对合理，乘客可根据乘坐的区间数计算票价	充分考虑长、短途客流的不同需求，按乘坐里程与票价的关系制定合理的票价，适用于站间距有较大差异的线网
缺点	长、短途客流费用支出不合理，无法充分体现企业的经济效益	不适用于站间距有较大差异的线网	管理难度较大，对自动售检票系统提出更高要求

2. 车票使用

一般有轨电车规定：

（1）正常情况下，单程票仅限当日有效；

（2）实行一人一票制；

（3）部分有轨电车规定车票出售后不予退款，如深圳龙华有轨电车。

3. 乘车限制

为保证乘车秩序、环境以及乘客的安全，有轨电车对乘客携带的物品作出规定，允许乘客携带一定质量和体积的行李。如苏州有轨电车规定每位乘客可以携带总质量不超过 20 kg，总体积不超过 0.15 m^3，长、宽、高之和不超过 1.8 m 的物品；车厢内拥挤时，携带行李物品的乘客应当听从工作人员的安排，不得强行上车。

4. 优惠乘车规定

不同城市有轨电车对优惠乘车规定有所不同，通常有以下几种情况的优惠。

（1）一卡通优惠：如苏州有轨电车规定普通乘客持苏州市民卡、交通一卡通（苏州、无锡、常州发行）刷卡购票享受 7 折优惠；

（2）老人优惠：如苏州有轨电车规定 60 至 69 周岁老人持老年卡购票享受 5 折优惠。

（3）学生优惠：如苏州有轨电车规定普通高中、中专、技校、职高学生（持学生卡）购票享受 5 折优惠。

5. 免费乘车规定

免费乘车主要针对一些特殊人群，如苏州有轨电车规定 70 周岁以上老人、离休干部、革命伤残军人、因公致残警察、市级以上劳模、残疾人、义务教育阶段学生免费乘车。淮安有轨电车规定 1.3 m 以下儿童免费乘车，65 周岁以上老人、残疾人刷卡免费乘车，现役军人持有效证件免费乘车，中小学生可持公交学生卡乘车，每月刷卡不限次数。

6. 补票规定

当乘客无票或持无效票等情况时，需按照规定进行补票。由于各城市有轨电车采用的售检票方式不同，补票规定也不尽相同。

（1）采用站台售检票的有轨电车，由于站台全封闭，有效避免了逃票现象的发生，尤其是站台封闭式售检票合一的售检票方式，售票与检票统一在进站闸机上进行，大大降低了逃票的概率。但如果闸机较容易翻越会出现较严重的逃票情况，需要使用较高的闸机和屏蔽门。由于车站及车上并未设置检票员，因此逃票现象不易发现。

（2）采用车上售检票方式的有轨电车，如设置购票员，则使用便携式售票机进行补票收费，也可通过车辆上设置的钱币投币箱（车辆上自动投币装置）进行收费。

（3）采用车下售票、车上检票方式的有轨电车，一经发现无票行为，则可进行人工补票或投币到钱箱进行补票。

乘客乘车一人一票，如上车未购票，可通过车载售票机补买车票。如未自觉补票被检票员发现，则当场补票。部分有轨电车对未购票、持无效车票、持伪造或者变造的优惠乘车凭证及冒用他人优惠乘车证件乘车的乘客具有一定的惩罚措施，如深圳龙华有轨电车，如遇以上情况则按照单程票价的 10 倍补收票款。再如香港屯门有轨电车对于无票乘车可处以线网最高票价 50 倍罚款（约 300 元港币）。

7. 退　票

目前，有轨电车车票主要以二维码纸质车票为主，也可使用一卡通、市民卡等刷卡上车，随着科技的发展，部分城市有轨电车也可使用手机扫码支付。其中，有轨电车纸质二维码车票一经售出不予退票。一卡通、市民卡如若卡内还存有余额，但乘客不再使用要求退款时，根据情况不同分别办理：一卡通、市民卡未损坏，卡内能查询到余额时，经审核确认后把余额和押金退还乘客；由于持卡人保管不妥善被损坏，不可循环使用的一卡通或市民卡，押金不退，只退余额。

5.3　售检票设备

与城市轨道交通采用 AFC 自动售检票系统不同，有轨电车的售检票方式结合了轨道交通和城市公交两种售检票方式，使售检票更加灵活。有轨电车的票卡媒介主要以纸质二维码车票、城市一卡通、手机支付 3 种方式为主，因此其售检票设备也与城市轨道交通不尽相同。

5.3.1 自动售票机

自动售票机安装在有轨电车车站，属于自助售票设备。乘客可自行在自动售票机处购买纸质二维码车票，以便乘坐有轨电车。

1. 自动售票机的功能

（1）接收乘客的购票选择，并在购票过程中通过人机界面给出提示信息及操作指导。

（2）可自动接收纸币（5 元、10 元）、硬币（5 角、1 元）、手机支付等多种支付方式购票，能自动完成识别，对无法识别的币种自动退回。

（3）一次交易发售多张车票，自动计算乘客投入的现金数量及购票金额，实现找零。

（4）接收车站计算机下发的参数和控制命令，并执行相应操作。

（5）能存储交易数据、工作状态记录和运营参数等数据，通过网络将工作状态、交易、事务等数据实时上传到车站计算机。

2. 自动售票机的结构

由于设计及应用不同，自动售票机结构大体相同却也存在差异。如深圳有轨电车既可使用硬币购买纸质车票，也可使用纸币购买纸质车票，甚至可使用手机支付的方式购买车票；而部分有轨电车使用的部分自动售票机仅提供硬币支付功能。

自动售票机外部结构主要由状态显示灯、操作使用指南、触摸操作屏、硬币投入口、纸币插入口、手机支付二维码、找零取票口、储值票查询读卡区等构成（见图 5-20）。

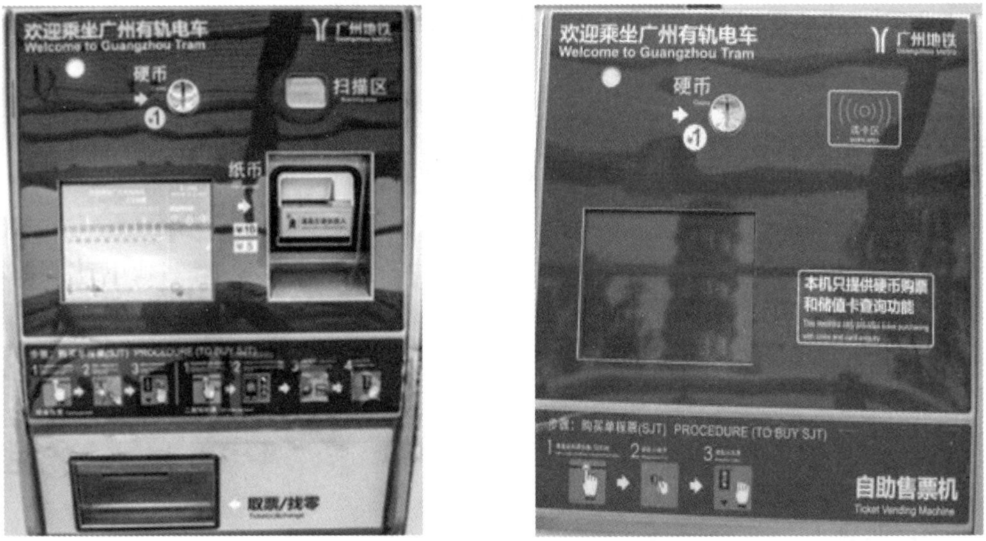

（a）　　　　（b）

图 5-20　自动售票机

（1）状态显示灯。

状态显示灯用于向乘客显示自动售票机当前的状态，如出现状态不良，及时告知乘客。

（2）操作使用指南。

操作使用指南向乘客提供购票的操作流程，用于指引乘客通过触摸屏点选购票操作。

（3）触摸操作屏。

触摸操作屏用于显示有轨电车线路及票价、有关购票、查询操作提示和交易信息等，触摸式操作。

（4）硬币投入口。

硬币投入口用以接收 5 角、1 元硬币购票。

（5）纸币插入口。

纸币插入口用于接收 5 元、10 元纸币购票。

（6）手机支付二维码。

手机支付二维码用于未带零钱的乘客进行手机扫码支付，以便购票乘车。

（7）找零取票口。

找零取票口接受发售成功的车票和需要找零时的找零硬币，乘客可在此取车票及零钱。

（8）储值票查询读卡区。

储值票查询读卡区用于乘客自行查询储值票余额、交易记录等信息。

3. 自动售票机的使用

目前，绝大多数有轨电车均为单一票制，与里程无关，且多以票价 2 元、3 元为主。因此，购票时自动售票机仅接收 5 元、10 元纸币或 5 角、1 元硬币，不接收大面值现金。购票时只需选择目的地车站和车票张数，然后在投币（钞）口投入现金即可。

如若乘客未携带零钱，在购票机选择目的地车站和车票张数后，扫描自动售票机上的二维码手机支付即可（见图 5-21）。

（a）现金支付　　　　（b）扫码支付

图 5-21　深圳有轨电车自动售票机支付

5.3.2　自动检票机

自动检票机根据检票方式不同，分为车站自助检票机、电车自助检票机两种，分别设置在有轨电车车站及有轨电车车门两侧，供乘客自助验票乘车使用。

（1）电车自助检票机（车载自助检票机）。

车载自助检票机（见图 5-22）安装于有轨电车车门两侧，供乘客上车后自助检票乘车使用，即可实现城市一卡通检票，也可实现纸质二维码车票、手机支付等验票功能。

（a）　　　　（b）

图 5-22　有轨电车车载检票机

（2）车站自助检票机。

车站自助检票机（见图 5-23）适合站台封闭式售检票合一的有轨电车，在有轨电车车站设置自助检票机，使车站形成封闭式的售检票模式。乘客购票后自行通过车站检票机购票，也可持一卡通、手机电子票等方式刷卡进站。

（a）　　　　（b）

图 5-23　有轨电车车站自助检票机

5.4　售检票系统架构及清分管理

早在 2013 年 1 月，国务院下发了《关于城市优先发展公共交通的指导意见》，要求在“十二五”期间，在公交、有轨电车、出租领域全面推广普及城市公共交通“一卡通”，加快在城市不同交通方式中的应用。在无障碍换乘的模式下，解决“一票换乘”的票款清分部门为清算中心。清算中心作为系统最上层的管理中心，在系统中扮演着非常重要的作用。

作为公交 IC 卡应用领域的领先者，无锡华捷在全国率先推出了有轨电车 IC 卡售检票系统解决方案，并在国内和国外多个有轨电车检售票系统项目上得到了成功运用。该解决方案不仅实现有轨电车公司自发行卡票的运营管理，而且从资源整合的角度，实现了当地已发行的市民卡、城市通卡、公交卡等在有轨电车刷卡消费的功能。通过项目的建设，有力地提升了城市形象，真正做到了“一卡在手，出行无忧”；同时由于及时提供消费数据等各类详细的营运信息，为有轨电车公司在运营决策提供准确的数字依据，有利于提高有轨电车票务营运的效率、降低运营成本和提升服务质量。

5.4.1　系统功能架构

从功能划分的角度，有轨电车售检票系统由有轨电车 IC 卡运营管理系统和市民卡/城市通卡有轨电车二级平台结算管理系统组成。有轨电车 IC 卡运营管理系统实现有轨电车公司自发行票卡的运营管理，市民卡/城市通卡有轨电车二级平台结算管理系统主要实现已发行的市民卡/城市通卡在有轨电车上的刷卡消费功能，采集市民卡/城市通卡消费数据，并与城市通卡/市民卡清算平台进行对账结算。主要功能有

① 有轨电车储值票卡的发卡：卡初始化、卡出入库管理、发卡。

② 有轨电车票储值卡的管理：挂失解挂、换卡、补卡、特殊卡年审等。

③ 有轨电车储值票卡的充值：卡充值、退卡、冲正等。

④ 红外采集：把车载 POS 机或检票闸机的消费记录通过红外采集盒采集入系统。

⑤ 无线采集：把车载 POS 机或检票闸机的消费记录通过 GPRS/CDMA 或 WIFI 采集入后台系统。

⑥ 数据补采：判断车载 POS 机或检票闸机在系统中是否存在丢失的记录并补采。

⑦ 数据结算：把消费记录按照报文协议组织成相应的记录文件。

⑧ 数据通信：把消费报文通过通信协议传输到有轨电车 IC 卡运营管理系统平台，并接收处理清算报文；黑白名单的同步和更新。

⑨ 功能卡管理：制作票价线路卡、司机卡等功能卡。

⑩ 设备管理：对车载 POS 机或检票闸机 POS 进行初始化，登记其线路号、车号、通信设置等信息。

⑪ 采集盒管理：对红外采集盒进行初始化以及信息设置。

⑫ 语音管理：管理车载 POS 机或检票闸机的语音。

⑬ 基本信息管理：可以对部门、线路、驾驶员等信息进行管理。

⑭ 查询与报表：有轨电车刷票卡和市民卡的卡营收数据汇总及明细的查询、司机考勤查询、日志信息查询等。

⑮ 系统维护：系统设置、操作员维护、数据库分区表维护等。

⑯ 卡类型管理：可管理设置卡片的类型，各种类型卡有不同的面额，并且支持月票功能。

⑰ 系统设备应能支持目前市场上主流 CPU 卡型。

⑱ 各类乘客卡的余额查询。

⑲ 对账结算：系统能按市民卡/城市通卡清算平台的技术对接规范进行对账结算。

5.4.2 检售票系统物理架构

从物理组成划分的角度，检售票系统主要由中心网络系统与检票系统（车载检票系统或检票闸机系统）构成。

中心网络系统又包括控制中心设备与数据采集系统。中心网络系统是整个系统的后端管理平台，主要设置有路由器、防火墙、服务器、网络交换机、无线 AP、工作站、打印机和管理应用软件等。

控制中心系统可实现有轨电车自发卡系统的基本信息维护、交易数据处理、账务处理。功能包括维护基本信息（消费设备、车站等）、接收车站终端设备的消费数据、交易数据处理、分类统计、与外部系统（如市民卡系统）对账结算等。

控制中心系统通过采集系统接收车载检票系统终端或检票闸机的交易数据、市民卡/城市通系统、黑名单数据和其他控制数据并下发给各车载终端系统。

检票系统是整个系统前端收费及客流计数平台，设置于车辆内或站台检票闸机系统内。

5.4.3 清分与结算

（1）清分。

清分也叫清算，指清算中心 ACC 按照一定的规则将合法交易数据对应的资金进行清分，并将清分的结果详细列示出来。

（2）结算。

结算是指清算中心 ACC 按照清算结果将资金划拨给相应的收益方账户，完成资金的实际交收。

清分模型由清分主体、清分原则、清分比例 3 大要素组成。清分主体为收益分配的主体，清分原则为路径选择原则，清分比例为各清分主体的收益分配比例，多劳多得。

6　车站客流与客流组织

6.1　客流概述

客流是规划轨道交通网络、安排工程项目建设顺序、设计车站规模和确定车站设备容量的依据，也是轨道交通系统安排运力、编制运输计划、组织行车和分析运营效果的基础。

6.1.1　客流的定义

公共交通客流是城市居民为了实现各类出行活动，借助各种公共交通工具，在城市范围内有目的的流动，包括数量、方向、距离、时间和地点等要素。

客流是指在单位时间内，轨道交通线路上乘客流动人数和流动方向的总和。客流的概念既表明了乘客在空间上的位移及其数量，又强调了这种位移带有方向性和具有起讫位置。

客流可以依照时间分布特征、空间分布特征和来源进行分类。先简单介绍各分类客流的基本概念。

（1）基本客流，指城市有轨电车线路既有客流与按正常增长率而增加的客流的总和。

（2）转移客流，指因为城市有轨电车交通具有快速、准时、舒适、整洁等优点，使得原来选择公交、自行车出行的客流转移到城市有轨电车交通出行。

（3）诱增客流，指因为有轨电车线路运营后促进了沿线土地的开发、经济的发展、商业的繁荣以及住宅形成所诱发的新增客流。

（4）车站客流，指在城市有轨电车交通车站上、下车换乘的客流。

（5）断面客流，指通过城市有轨电车交通线路各区间的客流。

（6）车站客流量，指在规定时间内有轨电车车站上、下车和换乘的客流量。一般包括全日、高峰小时和超高峰期车站客流量。

（7）断面流量，指在单位时间内，通过轨道交通线路某一地点的乘客数量。这里，单位时间可以是一昼夜、一小时或其他的时间单位。显然，通过某一断面的客流就是通过该断面所在区间的客流。断面流量可分为上行断面流量、下行断面流量和双向断面流量。

（8）最大断面流量。

在单位时间内，通过轨道交通线路各个断面客流一般不相等。最大断面流量是指最大客流断面的流量。上下行方向的最大客流断面一般不在同一断面。

最大断面流量通常按高峰小时最大断面流量和全日最大断面流量计算。高峰小时最大客流断面和全日最大客流断面一般也不在同一断面。

（9）高峰小时最大断面客流量。

在以小时为单位计算断面客流量的情况下，分时断面流量最大的小时称为高峰小时，轨道交通线路的高峰小时一般出现在早晨和傍晚，称为早高峰小时和晚高峰小时。高峰小时最大断面流量是指高峰小时最大客流断面的流量。高峰小时最大断面流量是行车组织和车站设备容量确定的一项基础资料。

（10）OD 客流。

全称是 Original Destination，是只考虑始发地和目的地客流，不考虑途径地客流的一种市场分析方法。该方法可以对预测有轨电车开行的数目给予数据，其体现出客流作用的范围，OD 的准确确定为预测提供了可靠的支持。

根据居民乘车目的，可分为工作性客流和非工作性客流。工作性客流的特点是流量大而稳定，乘车时间相对集中，规律比较明显；非工作性客流的特点是运量较小且不稳定，乘车时间相对分散，规律隐藏较深，不易把握。需要指出的是，工作性客流与上下班、上学、放学有着密切的关系，但不完全与工作有关。

6.1.2 客流的特征

1. 时间上的客流特征

（1）全年各月客流变化特征。

全年中各月存在天气情况、重大节假日分布等特征的差异性，致使客流在各月份中的分布特征有所差异。通过对典型城市的客流特征总结可以得到城市有轨电车交通客流按月份分布的差异性特征。

在我国，同一年内上半年的客流量一般比下半年低，1、2、6 月份的客流量与其他月份相比较低，但在 7 月份之后，客流量开始明显持续走高，直到年底。全年最大月度客流量基本发生在 10 月份，年中最高日客流基本上是“十一”期间创下的；一年中的最小客流基本发生在春节期间。“五一”和“十一”的长假期间客流量增加较明显，比日常增加 20% ~ 40%的客流量。

（2）一周内各日客流特征。

城市有轨电车交通线路主要是以通勤、通学客流为主，双休日客流有所减少，而连接商业网点、旅游景点的轨道交通线路双休日客流增加。另外，星期一与节假日后的早高峰小时客流、星期五与节假日的晚高峰小时客流，都会比其他工作日早、晚高峰小时客流量大。

（3）一天内小时客流特征。

城市有轨电车交通小时客流分布可以归纳为单向峰型、双向峰型、全峰型、突峰型、无峰型等 5 种。各峰型示意图如图 6-1 所示。

① 单向峰型：轨道交通线路所处的交通走廊具有明显的潮汐特征或车站周边地区用地功能性质单一时，车站客流分布集中，有早、晚错开的一个上车高峰和一个下车高峰。

② 双向峰型：车站位于综合功能用地区位时，客流分布与其他交通方式的客流分布一致，有两个配对的早、晚上下车高峰。

③ 全峰型：有轨电车交通线路位于用地已高度开发的交通走廊或车站位于公共建筑和公用设施高度集中的地区时，客流分布无明显的低谷，双向上下车客流全天都很大。

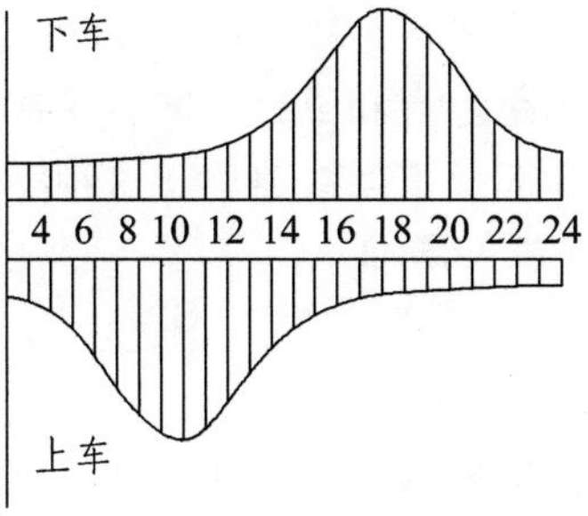

（a）单向峰型

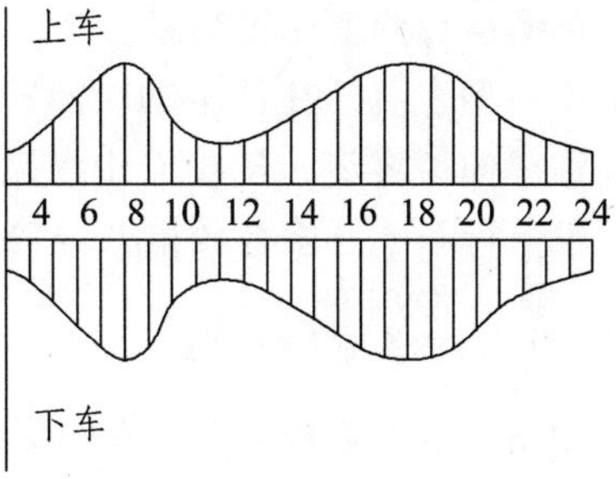

（b）双向峰型

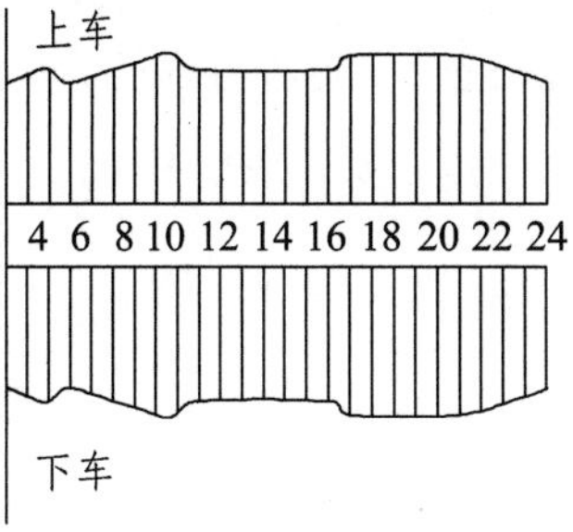

（c）全峰型

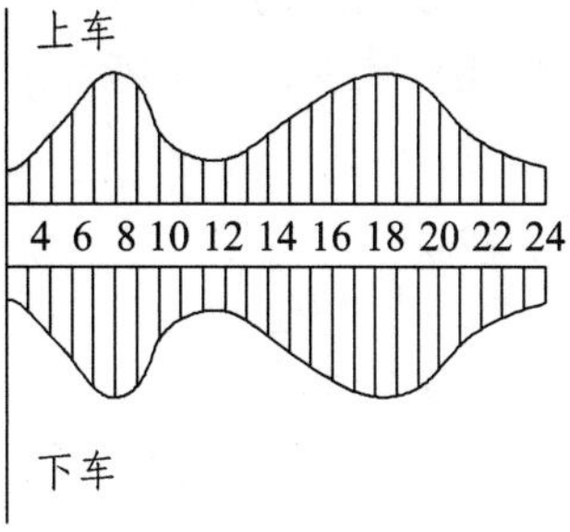

（d）突峰型

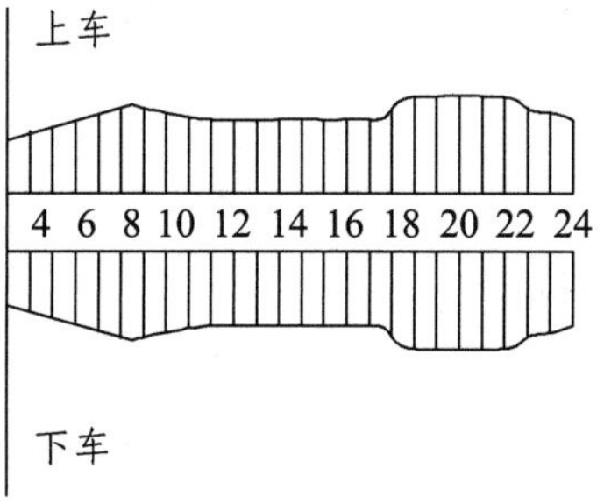

（e）无峰型

图 6-1 各峰型示意图

④ 突峰型：车站位于体育场、影剧院等大型公用设施附近，演出或体育比赛结束时有一个持续时间较短的突变的上车高峰。一段时间后，其他部分车站可能有一个突变的下车高峰。

⑤ 无峰型：当有轨电车交通本身的运能比较小或车站位于用地还没有完全开发的地区时，客流无明显的上下车高峰，双向上下车客流全天都较小。

2. 方向上的客流特征

这是指在特定的时间段内，某有轨电车线路上上行客流与下行客流之间的数量关系。有轨电车线路有上、下行之分，一定的时间间隔内，上、下行客流可能平衡或基本平衡，也可能不平衡，甚至很不平衡。据此，将客流在方向上的特征区分为两类。

（1）双向型客流。在特定的时间段内，某有轨电车线路上行和下行客流数量相等或接近的，称双向型客流，绝大部分的市区线路属于这种类型。双向型客流由于上行和下行旅客数量接近，车辆运行调度比较容易。

（2）单向型客流。在特定的时间段内，某有轨电车线路上行和下行方向客流数量有较大差异的，称单向型客流，学校巴士线路、住宅巴士线路和部分市郊线路属于这种类型。单向型客流由于上行和下行旅客数量差异较大，车辆运行调度难度增加。

3. 断面上的客流特征

公交线路沿某个方向相邻或任何两个车站之间的客流量构成一个断面。断面上的客流特征是指在特定的时间段内，某公交线路各站点上下乘客数量之间的关系，主要有两类：第一类为平滑型，即线路上各断面客流的变化无论是增加还是减少，相邻断面之间客流的变化率差异较小，近乎于连续的曲线，或直线或斜线。第二类为跳跃型，即线路上各断面客流的变化无论是增加还是减少，相邻断面之间的变化率相差较大，近乎于各种各样的台阶。

6.1.3 客流的产生

1. 城市交通需求

需求是指人们对于某种物质或精神目标获得满足的愿望，在经济学意义上，对商品和服务的需求受到社会经济条件的制约，必须建立在有购买能力的基础上。城市交通需求，是指人们在城市中实现位移的愿望，同样，它也应建立在有能力支付交通服务价格的基础上。因此，城市交通需求是位移欲望和购买能力的统一。而城市交通线路上的客流，可以认为是被实现了的城市交通需求。

2. 城市交通需求的特点

城市交通需求的特点有以下四个方面：

（1）广泛性。

与其他商品和服务的需求相比较，城市交通需求是一种广泛性的需求，城市的各项功能活动都不可能离开它而独立生存。

（2）派生性。

城市交通需求是一种派生性需求，因为在绝大多数的情况下，乘客实现位移的目的往往不是位移的本身，而是通过空间位移的完成来满足工作、生活或娱乐方面的需求。正是由于城市交通需求是一种非本源性的需求，决定了部分城市交通需求的满足在空间和时间上的弹性以及可以被部分替代的特点，如乘客可以选择迂回径路或避开交通高峰期，现代通信手段的发展减少了城市中人员的流动等。

（3）时间性。

城市轨道交通需求按一周内的双休日和工作日、一天内的各个小时以及一小时内的时间间隔有规律地变化。城市交通需求的这种时间性特点是城市交通公交系统规划设计和运输组织的基本依据之一。

（4）空间性。

城市交通需求的空间特点是指城市出行在方向上和线路分布的不均衡。这种不均衡主要是由城市各区域的土地使用和功能活动不同所决定的。但城市交通网的布局、线路通过能力、交通服务的价格与质量也是构成城市出行在空间分布上不均衡的原因。

3. 城市交通需求的影响因素

影响城市交通需求的因素包括经济和非经济两方面因素，概括起来主要有城市经济发展水平、城市各功能区域的布局、人口密度、流动人口数量、国民收入、城市交通网的布局、客运服务的价格与质量、替代服务的价格与质量、政府的交通运输政策、私人的交通工具拥有量等。

6.2 客流调查与预测

6.2.1 客流调查

1. 客流调查的必要性

客流是动态变化着的，但客流在时间、空间上的动态变化又是有规律的，可以在实践中了解它、掌握它，并根据客流的动态变化，及时配备与之相适应的运输能力。因此，客流调查是轨道交通系统日常运输生产活动的组成部分。

客流调查涉及客流调查内容、调查地点和时间的确定、调查表格的设计、调查设备的选用和调查方式的选择等多方面问题。

科学性、时效性和经济性是客流调查应该遵循的原则。

2. 客流调查种类

（1）全面客流调查。

全面客流调查是对全线客流的综合调查，通常也包含了乘客情况抽样调查。这种类型的客流调查时间长、工作量大、需要较多的调查人员。但通过调查及对调查资料进行整理和统计分析，能对客流现状及客流规律有一个全面清晰的了解。

全面客流调查有随车调查和站点调查两种调查方式。随车调查是在车门处对全天运营时间内所有运行列车的上下车乘客进行调查，站点调查是在车站检票口对全天运营时间内所有在车站上下车乘客进行调查。轨道交通系统多采用后者。

全面客流调查一般应连续进行两或三天，在全天运营时间内，调查全线各站所有乘客的下车地点和使用票种情况，并将调查资料以 5 min 为间隔分组记录下来。

（2）乘客情况抽样调查。

抽样调查是用样本来近似地代替总体，这样做有利于减少客流调查的人力、物力和时间。乘客情况抽样调查通常是用问卷方式进行，调查内容主要包括乘客构成情况和乘客乘车情况两方面。

乘客构成情况调查一般是在车站进行。调查内容包括年龄、性别、职业、居住地和出行目的等。该项调查的时间可选择在客流比较正常的运营时间段。

乘客乘车情况调查可以根据需要分类进行，也可在特定的时间、地点进行，如在月票发售点对持月票或定期票乘客进行调查。调查内容除年龄、性别和职业外，还可包括家庭住址和家庭收入，日均乘车次数、上车站和下车站，到达车站的方式和所需时间，下车后到达目的地的方式和所需时间，乘坐轨道交通列车后出行时间的节省量，以及对现行票价的认同度等。

（3）断面客流调查。

断面客流调查是一种经常性的客流抽样调查，根据需要，可选择一或两个断面进行调查，一般是对最大客流断面进行调查，调查人员用直接观察法调查车辆内的乘客人数。

（4）节假日客流调查。

该项调查一般是通过问卷方式进行。

3. 客流调查统计指标

客流调查结束后，对客流调查资料应认真整理，或列成表格，或绘成图表，采用适当的统计方法来汇总计算各项指标，进行正确的分析处理。轨道交通系统全面客流调查后应汇总计算的主要指标如下。

（1）乘客人数。

① 分时各站各票种上下车人数；

② 全日各站各票种上下车人数；

③ 分时各站各票种换乘人数；

④ 全日各站各票种换乘人数；

⑤ 全线全日各票种乘客人数；

⑥ 全线高峰小时各票种乘客人数。

（2）断面流量。

① 分时各区间断面流量；

② 全日各区间断面流量；

③ 分时最大断面流量；

④ 全日最大断面流量；

⑤ 高峰小时最大断面流量。

（3）运送距离。

① 本线各票种乘客乘坐不同站数人数及所占百分比；

② 跨线各票种乘客乘坐不同站数人数及所占百分比；

③ 乘客平均运距。

（4）乘客构成。

① 全线持不同票种乘客人数及所占百分比；

② 按站别分年龄、居住地和出行目的等统计的乘客人数及所占百分比。

（5）车辆运用。

① 客车千米；

② 客位千米；

③ 乘客密度；

④ 平均满载率；

⑤ 高峰小时最大客流断面满载率。

6.2.2 客流预测

1. 客流预测的意义

客流量是城市轨道交通规划、设计、建设及运营各环节的基本依据，客流预测是城市轨道交通建设的一个重要环节，是各项设计工作的基础，预测结果的可靠与否直接关系到城市轨道交通的建设投资、运营效率和经济效益。由于城市轨道交通建设项目的投资巨大，客流预测的营销结果也就更为明显。

2. 客流预测的主要内容

（1）线路客流预测。

预测各条线路全日客流量和各小时段的客流量及其比例、全日和高峰小时的平均运距及平均客流负荷强度、全日各级运距每分级的乘客量。

（2）车站客流预测。

预测全日早、晚高峰小时的各车站上下行的乘降客流、站间断面流量以及相应的高峰系数。

（3）OD 客流预测。

全日、高峰小时的各车站站间跨越不同区域的线路应进行各区域的内外客流预测并对客流特征进行分析。通过站间客流数据可以反映出不同区域之间出行特征、线路客流重点集中区段，对有轨电车交通票制票价制定，对建设投资、运营成本财务分析、社会经济效益分析提出项目效益评价意见。

3. 客流预测的基本方法

城市交通需求预测起源于美国，并且在全世界范围内得到了迅速发展。20 世纪 60 年代称为 Chicago Area Transportation Study 的芝加哥都市圈交通规划开发了包括交通方式划分在内的四阶段交通需求预测法，开创了城市综合交通需求预测的先河。四阶段预测法按照交通生成预测、交通分布预测、交通方式划分和交通分配来分析城市现状和未来的交通状况，是目前交通规划领域应用最广的方法。虽然近几十年来，对四阶段中预测模型的研究不断深入，也出现了将两个或几个阶段合并进行预测的方法，但从宏观的角度把握城市居民的出行特点，然后分阶段预测分析的思路仍是一致的。

4. 客流预测工作流程

客流预测流程如图 6-2 所示。

5. 客流预测模式

（1）非基于出行分布的客流预测模式。

将相关公交线路和自行车出行的现状客流向轨道交通线路转移，得到虚拟的轨道交通基年客流。然后根据相关公交线路的客流增长规律确定轨道交通客流的增长率，并据此推算轨道交通远期客流。这种客流预测模式又称趋势外推客流预测模式，在确定轨道交通客流增长率时可采用指数平滑法、多元回归预测等方法。

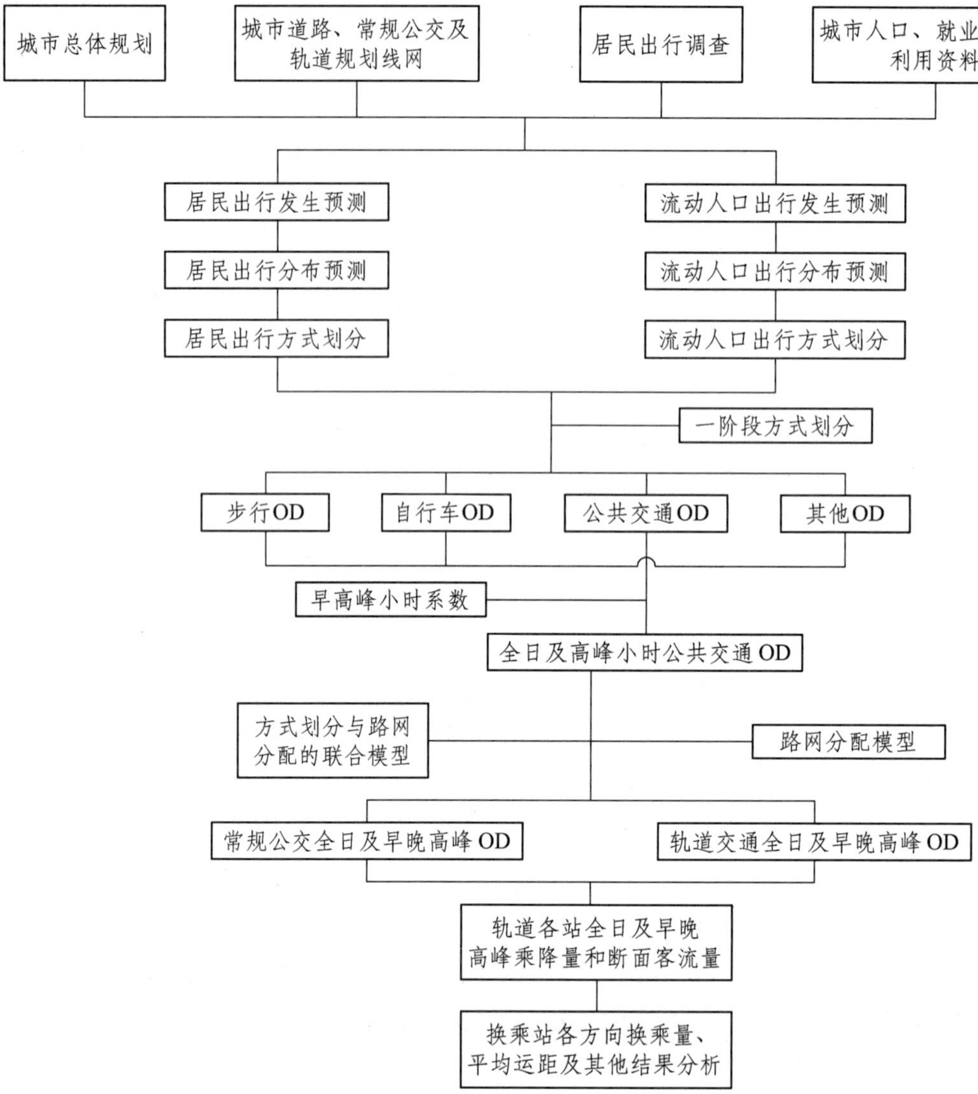

图 6-2　有轨电车交通客流预测流程图

（2）基于出行分布的客流预测模式。

以市民出行 OD 调查为基础，得到现状全方式出行分布，在此基础上预测规划年度的全方式出行分布，然后通过方式划分得到轨道交通的站间 OD 客流。城市有轨电车交通客流预测采用该方法时，首先对研究对象城市划分交通小区，进行城市人口、就业、土地利用资料的调查和居民出行调查，在此基础上进行居民出行生成预测、出行分布预测、交通方式划分预测和出行分配，以获得所需的轨道交通需求数据。四阶段客流预测的一般流程包括出行生成→出行分布→交通方式划分→出行分配。

出行生成阶段用来预测每个交通小区的出行生成量和出行吸引量。

出行分布预测各交通小区出行生成量的去向和出行吸引量的来源，即各交通小区间的出行生成与吸引分布。

方式划分确定轨道交通、常规公交、自行车、步行、出租汽车和私人汽车等各种出行方式承担的交通小区间 OD 出行量的比例。

出行分配将 OD 出行量按一定的规则分配到交通网中的各条线路上去。

（3）三次吸引客流预测模式。

该客流预测模式认为，可以确定一个轨道交通车站对客流的吸引范围。车站吸引范围是一个以车站为圆心、合理的到达车站时间或到达车站距离为半径的圆形区域。再分析车站吸引范围内的土地利用性质，以及在确定合理步行区与接运交通区的基础上，可以预测通过步行、自行车和常规公交 3 种方式到站乘车的人次。它们分别称为一次吸引客流、二次吸引客流和三次吸引客流，并在车站客流量的基础上进一步推算线路的断面客流量。

6.2.3　客流分析

1. 客流分析的意义

在轨道交通系统的运营过程中，对客流的动态变化进行实时跟踪和系统分析，掌握客流现状与客流变化规律是轨道交通系统客运得以顺利进行的前提。

客流是动态流，它因时因地而变化，这种变化归根结底是城市社会经济活动和生活方式，以及轨道交通系统本身特征的反映。客流分析的核心是分析客流在时间和空间上分布的不均衡性以及它们与运输组织和行车组织的关系。

2. 客流的时间分布不均衡分析

（1）一日内小时客流的不均衡。

小时客流随人们的生活节奏和出行特点而变化。通常是夜间少，早晨渐增，上班和上学时达到高峰，午间稍减，傍晚因下班和放学又是高峰，此后逐渐减少，午夜最少。这种规律在国内外城市交通线路上几乎都是一样，只是程度不同而已。

在单向分时最大断面客流不均衡程度较大的情况下，为实现运输组织合理性和运营经济性，可考虑采用小编组、高密度行车组织方式，即在客流高峰时间段开行较多的列车以满足乘客运输需求，而在客流低谷时间段则减少开行列车数以提高车辆平均满载率。

由于一日内小时客流分布的不均衡，在确定全日行车计划时应以分时最大断面客流作为依据。另外，在高峰小时内，客流的分布也是不均衡的，存在着一个 15 ~ 20 min 的超高峰期。据有关资料，超高峰期的客流强度要比高峰小时的平均客流强度大 20% ~ 40%。

因此，在设计车站设备容量时应考虑高峰小时内短期客流分布的不均衡因素。

（2）一周内全日客流的不均衡。

由于人们的工作与休息是以周为循环周期进行的，这种活动规律性必然要反映到一周内各日客流的变化上来。在以通勤、通学客流为主的轨道交通线路上，双休日的客流会有所减少；而在连接商业网点、旅游景点的轨道交通线路上，双休日的客流又往往会有所增加。另外，星期一与节假日后的早高峰小时客流和星期五与节假日前的晚高峰小时客流，都会比其他工作日早、晚高峰小时客流要大。

根据全日客流在一周内分布的不均衡和有规律的变化，从运营经济性考虑，轨道交通系统常在一周内实行不同的全日行车计划和列车运行图。

（3）季节性或短期性客流的不均衡。

在一年内，客流还存在季节性的变化。另外，在旅游旺季，城市中流动人口的增加又会使轨道交通线路的客流增加。短期性客流激增通常发生在举办重大活动或遇天气骤然变化的时候。对季节性的客流变化，可采用实行不同列车运行图的措施来缓和运输能力紧张情况。

当客流在短期内增加幅度较大时，运营部门应临时调整运营计划，并针对某些作业组织环节、某些设备的运用方案采取应急调整措施，以适应运输需求。

3. 客流的空间分布不均衡分析

（1）各条线路客流的不均衡。

各条线路客流的不均衡包括现状客流分布的不均衡和客流增长不均衡两个方面，它们构成了整个轨道交通网客流分布的不均衡。

（2）上下行方向客流的不均衡。

在轨道交通线路上，由于客流的流向原因，上下行方向的客流通常是不相等的。在放射状的轨道交通线路上，早、晚高峰小时的上下行方向客流不均衡尤为明显。

在上下行方向最大断面客流不均衡程度较大的情况下，直线线路上要做到经济合理地配备运力比较困难，但在环形线路上可采取内、外环线路安排不同运力的措施。

（3）各个断面客流的不均衡。

在轨道交通线路上，由于各个车站乘降人数不同，线路单向各个断面的客流存在不均衡现象是不可避免的。

6.3 车站日常客流组织

6.3.1 乘客乘车流程

乘客进出站客流多是从人行通道进出站台，乘车或出站。

以淮安有轨电车公司为例，乘客按上下车门指示标志乘坐有轨电车，从人行通道进出站台，大部分站台设置在马路中间，距离十字路口的人行横道很近。需要乘坐有轨电车的市民只要通过人行横道，就可以到达马路中央的现代有轨电车专用通道内，然后再在该通道内步行大约 15 m，即可到达现代有轨电车站台。

除了连接站台与人行横道的现代有轨电车专用通道外，结合站台附近的人流车流情况，翔宇大道沿线的水渡口、深圳路、森林公园、枚皋路、楚州大道等 5 个路口，还将设置地下通道，以连接路边人行道与站台。地下通道的井口就布置在站台和路边人行道上，乘客可以安全地通过通道到达站台。

6.3.2 售检票工作

1. 售检票作业方式

（1）开放式售检票作业方式。

它是指车站不设检票口，乘客在上车前或在列车上注销车票并接受随机查票的售检票作业方式。一般适用于客流量较小的系统，要求国民素质相对较高，并且这些轨道交通系统通常都有政府财政补贴。

（2）封闭式售检票作业方式。

它是指乘客上车或进站台要经过检票口检票的售检票作业方式。这种方式能减少或杜绝无票乘车现象，减少或避免客运收入的流失。目前，封闭式售检票作业方式主要是先进的自动售检票。自动售检票具有售检票速度快，并且能及时准确地统计与提供票务、收入和客流信息，以及杜绝无票乘车等多方面优点。

售检票方式的选择，要根据线路的实际情况来决定。

① 车内售检票。

辽宁沈阳浑南有轨电车采用车内售检票，上车付费，单一票价两元。换乘其他有轨电车线路需重新付费。上车门处安排有乘务员值守。站台无人值守，无屏蔽门。淮安有轨电车采用车内售检票，单一票价两元。一侧共有五个车门，规定为第 1、3、5 门下车，第 2、4 门上车。但是由于线路客流大，为了避免高峰时乘客堵在车门导致车内乘客分布不均和车辆滞留站台晚点等情况，在高峰时间，部分车站启用站台售检票。站台售票并没有固定的时间段，根据客流情况随时灵活机动。部分大站设置专门的备品间存放流动投币机和刷卡机，需要时推到相应车站即可使用。

② 站台售票、车内检票。

广东广州海珠有轨电车采用站台售票、车内检票的模式，单一票价两元。无卡乘客需在站台售票机购买纸质二维码车票，上车后在车内验票机验票，乘车时需保留车票以备查验，下车时车票不回收。对于验票时发现的无票乘客，补票价格仍为两元。

珠海有轨电车为站台售票、车内检票，单一票价两元。与其他采用此票制城市选用一次性纸质二维码车票的最大差别是，珠海有轨电车使用芯片单程票，类似于公交卡或地铁单程票，且发售时不收取押金，购票乘客出站时需主动将车票投至回收箱。

2. 售检票作业内容

车内售票，通常采用无人售票方式，分为投币、非接触式 IC 卡和手机扫码支付 3 种。

有轨电车乘务员工作：

（1）电车进站时指导乘客刷卡投币。如图 6-3 所示。

（2）记录到站上车人数、维持车厢内秩序。

（3）电车行驶过程中巡视车厢，根据规定，有轨电车行驶时，在三个站台的两区间内，乘务员需要巡查车厢一遍，看是否有市民睡着、有无意外状况、车厢是否整洁等。除了要保持车厢内部的整洁，乘务员在电车到站的时候，也要查看站台是否整洁、周边有无杂物。如果发现站台不干净，要立即与后勤联系。对乘客携带物品进行安检。

（4）处理各类突发状况等。

淮安有轨电车 1 号线路，票价为全程一票制两元。1.3 m 以下儿童免费乘车；65 周岁以上老人、残疾人刷卡免费乘车；现役军人持有效证件免费乘车。另外，荣获国家无偿献血奉献奖、无偿捐献造血干细胞和无偿献血志愿服务终身荣誉奖的个人凭相关证件（由江苏省无偿献血工作联席会议办公室监制核发），可不限次数免费乘坐城市公共交通工具。中小学生可持公交学生卡乘车，每月刷卡不限次数。

图 6-3　乘务员指导乘客刷卡投币

淮安现代有轨电车于 2016 年 4 月开始在沿线客流量较大的站台实行站台售检票。目前实行站台售检票的站点共有 6 个，包括淮安区境内的东岳庙站、纪念馆站、礼字坝站，以及清江浦区境内的水渡口站、淮海东路站和体育馆站。根据不同季节不同站台的客流实际情况，站台售检票采取冬季、春秋季和夏季 3 种时间模式。例如夏季模式从 6 月中旬开始实行，6 个站点每天的站台售检票时间统一从下午 4 点开始，东岳庙站、纪念馆站、礼字坝站和体育馆站至晚上 8 点结束，淮海东路站和水渡口站的站台售检票工作则延续至晚上 10 点，即电车运营结束。站台售票人员抽调自乘务员，每天的上岗人员不固定。当天上岗的站台售票人员领取设备，包括移动售票机、安检仪、扩音器、移动 POS 机，送到站台上摆放好移动售票机，开启扩音器，引导站台上的乘客投币或刷卡或手机扫码支付。

电车即将进站时，售检票人员到另一侧站台预告车辆开行方向，以免有乘客走神或者站错方向，然后迅速回到车辆停靠的这一侧，清点站台人数，引导乘客有序上车，再把上车人数报给车上的乘务员。

站台售检票员工不仅要做好售检票、客流统计，还负责维持站台的环境卫生、乘车秩序，保证乘客的乘车安全。例如有的乘客赶车时会翻越护栏，有的乘客喜欢观察车来车往或者对着进站车辆拍照，常常越过黄色警戒线，工作人员都要注意观察，及时劝阻，若乘客携带违禁物品，工作人员也要在站台上进行耐心劝说。如图 6-4 所示。

图 6-4 售检票员在站台上工作

6.4 车站大客流组织办法

6.4.1 大客流定义及原因

大客流主要是指由于有轨电车沿线的某个车站或几个车站在短时间内进站乘车客流急速上升，超过有轨电车正常运行时客流运输能力的现象。

大客流根据其产生的原因可具体分为以下 3 类。

（1）节假日大客流：主要指在国家法定的元旦、春节、劳动节、国庆节假期期间市民出行及游客旅游等造成全线各站客流普遍大幅上升。

（2）大型活动大客流：主要指由于交通沿线附近举行大型活动（包括节假日期间举行的大型活动），活动结束后大量的乘客在较短时间内涌入车站乘车，造成车站客流迅速上升。

（3）恶劣天气大客流：主要指由于台风、大雨等恶劣天气影响，较多的市民乘坐有轨电车或进入车站避雨，造成各个车站客流比平时有所上升。

6.4.2 对日常客运组织的影响

一般来说，在上述节假日及重点运输阶段，客流较平日有明显的增长。

以淮安有轨电车公司为例，2017 年国庆长假，淮安现代有轨电车一号线成为市民出行的首选，客流“爆满”，日均客流 3.2 万人次，共有 25.8 万人次选择乘坐有轨电车。2018 年 10 月 1 日～7 日，累计运送乘客超 27 万人次，为 3 年来最高，较上年同期增长近 20%。

在这一阶段，客流与平日在时间、方向方面具有明显的不同：一是早高峰时间推后和延长；二是客流主要流向大型商业网点和旅游景点；三是高峰和低谷之间客流量差距缩小。

客流的构成以购物、文娱为主，出行时间较平日通勤、通学客流晚，早高峰一般从 8:30 开始持续到 11:00，客流到达较为集中；晚高峰客流总体较为平缓，但近些年由于人们生活水平的提高和夜间出行的需要，在晚间结束运营前后，商业集中区车站的客流会骤增至峰值。

由于车站所处位置的不同，其客流也会比平日有较大变化。车站沿线举行的大型活动结束后，短时间内会有大批的乘客涌入附近的有轨电车站，给车站造成很大压力。此类活动多在周末举行，所产生的大客流的时间、规模等特点可以预见，影响范围较小，通常对该活动地点附近的车站影响较大。

6.4.3 大客流预测

（1）运营部对国家法定节假日期间的客流量、客流特点和客流的峰期等作出预测，并将预测结果提前提供给控制中心等相关部门（室、车间）。

（2）运营部注意收集有轨电车沿线各站附近的大型活动信息，对活动产生的客流量、客流方向及所影响的车站等进行预测，并及时将预测结果交控制中心等相关部门（室、车间）。

（3）节假日、大型活动前，运营部主动参加市有关部门组织的统筹协调会，了解情况，根据需要做出客流预测、相关措施、注意事项等要求。

（4）运营部密切关注天气变化，将可能影响到客流动态的天气信息及时提供给相关部门。

6.4.4 大客流处置原则

（1）各岗位应本着“确保安全、统一指挥、措施有效、合理引导、及时疏散”的原则，尽快疏导客流。

（2）发生大客流突发情况时调度指挥由运营部全面负责。

（3）各岗位应配合、协调，保持信息畅通。

（4）在大客流情况下，采取有效措施对车站进站客流进行控制。如站台乘客数量大于站台容积能力，必须进行车站入口的客流控制。

（5）适时指定人员至站台维持候车秩序。

6.4.5 大客流处置流程

（1）节假日或大型社会活动之前了解大客流持续时间的长短、性质和重大活动的类型等。

（2）制定有针对性预案，做好人员分工、准备相关备品。

（3）对经常性的或可预见的大客流采用增加运力的办法解决。

（4）OCC 监控到某个站台客流量激增，并有可能持续一段时间的，立即通知后续列车司机和乘务员注意前方情况，做好相关准备，并及时汇报运营部经理，安排应急处置方案。

（5）司机在接到通知后，及时将具体情况通知到乘务员做好相应准备，提前组织好需要下车的乘客。

（6）运营部派遣专人（乘务员、职能部门人员或志愿者）迅速赶至相关站台维持候车秩序，引导乘客至正确车门候车，不堵塞下车门。

（7）当站台客流量持续增加有可能超过站台承载压力的时候，在人行横道进入站台处及地下通道两侧入口处，安排秩序引导员，限制进入站台的人数，并做好解释工作，将站台客流控制在站台以外，并将地下通道和地面入口设定为一侧进，另一侧出，避免形成交叉客流。

（8）列车到站后，乘务员及秩序引导员应引导乘客排队有序上车，防止拥挤导致乘客受伤。

（9）乘务员及时提醒上车的乘客往车厢里走，防止出现乘客堵塞在上车门。如果上车门乘客过于拥堵，提醒乘客先上车再补票。

（10）秩序引导员及时与 OCC 联系，报告现场情况，OCC 安排后续列车在确保安全的情况下赶点前往该车站，加快车站内客流疏散速度。

7　突发事件应急处理办法

7.1　突发事件的处理原则与报告程序

7.1.1　突发事件的含义

突发事件是指在运营场所内，因不可预见或不可控制发生的因素造成以下一种或几种后果，须立即处理的偶然性事件：

（1）事态发展可能或已经导致人员伤亡；

（2）严重影响运营生产；

（3）需要依靠外部支援进行处理。

7.1.2　突发事件的分类和分级

1. 分　类

根据有轨电车交通运营突发事件的性质、演变过程和发生机理，分类如下。

（1）自然灾害。

包括台风、地震、水灾等造成或可能造成有轨电车运营灾害的事件。

（2）事故灾难。

包括火灾、建（构）筑物坍塌，列车冲突、脱轨或倾覆，踩踏，大面积停电和突发性大客流等严重影响有轨电车运营的事故灾难。

（3）交通事故。

包括有轨电车在轨道上行驶途中，与路面其他车辆的剐蹭、相撞等，造成人身伤亡或者财产损失，导致严重影响有轨电车运营的事故。

（4）公共卫生事件。

包括重大传染病疫情、生化、毒气和放射性污染等造成或可能造成乘客等社会公众健康严重损害的事件。

（5）社会安全事件。

包括重大刑事案件、恐怖袭击以及在有轨电车车站发生聚众闹事、谣言造成的恐慌等社会安全事件。

2. 分　级

根据事件的可控性、严重程度和影响范围，有轨电车交通运营突发事件由高到低分为特别重大（Ⅰ级）、重大（Ⅱ级）、较大（Ⅲ级）、一般（Ⅳ级）4个等级。

（1）特别重大有轨电车交通运营突发事件（Ⅰ级）。

事件突然发生，事态非常复杂，事件后果已明显超出全市区域，对市公共安全、政治稳定和社会经济秩序造成特别严重的危害或威胁，具体满足下列条件之一：

① 造成（含失踪）30人以上死亡，或者100人以上重伤（含急性中毒）；

② 直接经济损失1亿元以上。

（2）重大有轨电车交通运营突发事件（Ⅱ级）。

事件突然发生，事态复杂，事件后果在全市或周边区域，对政治稳定、人身安全、社会财产和社会秩序造成严重危害或威胁，具体满足下列条件之一：

① 造成10人以上30人以下死亡（含失踪），或50人以上100人以下重伤（含急性中毒）；

② 直接经济损失在5 000万元以上1亿元以下；

③ 连续中断行车24 h以上；

④ 超出市人民政府应急处置能力的。

（3）较大有轨电车交通运营突发事件（Ⅲ级）。

事件突然发生，事态较为复杂，事件后果在较大区域内对公共安全、政治稳定和社会经济秩序造成较大危害或威胁，具体满足下列条件之一：

① 造成3人以上10人以下死亡（含失踪），或10人以上50人以下重伤（含急性中毒）；

② 直接经济损失在1 000万元以上5 000万元以下；

③ 连续中断行车6 h以上24 h以下。

（4）一般有轨电车交通运营突发事件（Ⅳ级）。

事件突然发生，事态相对简单，事件后果仅在一定范围内对公共安全、政治稳定和社会经济秩序造成危害或威胁，具体满足下列条件之一：

① 造成3人以下死亡（含失踪），或10人以下重伤（含急性中毒）；

② 直接经济损失50万元以上1 000万元以下；

③ 连续中断行车2 h以上6 h以下；

④ 超出有轨电车运营单位应急处置能力或市人民政府认为需要本级政府响应的。

以上内容“以上”包括本数，“以下”不包括本数。

7.1.3 突发事件处理原则

（1）各部门处理突发事件必须执行高度集中、统一指挥的原则。

（2）参与突发事件应急处理的各岗位员工都应快速反应，协同应对，紧急行动起来，迅速开展工作。

（3）以人为本，减少危害。坚持“先救人，后救物；先全面，后局部”的原则，优先组织人员疏散、伤员抢救，同时兼顾重点设备和环境的防护，将损失降至最低限度。

（4）应坚持就近处理的原则：突发事件发生时，在上一级应急处理负责人到达现场前，有轨电车驾驶员和乘务员担任现场临时应急处理负责人；在上一级应急处理负责人到达现场后，则由上一级应急处理负责人担任现场指挥。

（5）员工在应急事件处理时应沉着冷静，严格执行规定的标准和程序，做好乘客疏导和安抚工作，维持乘客秩序和减少乘客恐慌。

（6）员工在突发事件应急处理过程中应兼顾现场的保护工作，以利于公安、消防和事件调查部门的现场取证。

（7）员工在应急事件处理时，坚持对外宣传归口管理的原则，不擅自发布相关信息。

7.1.4 突发事件报告程序

（1）突发事件报告原则。

应急情况报告的基本要求：快捷、简明、准确、连续。

① 快捷：最先接警的部门和单位第一时间上报，紧急情况下，可越级上报。

② 简明：报告内容应简明扼要。

③ 准确：报告内容真实，不得瞒报、虚报、漏报。

④ 连续：在有轨电车交通运营突发事件发生的一段时间内，应连续上报应急处置的进展情况及有关内容。

（2）突发事件报送内容。

信息报告应包括以下内容：

① 事发企业的名称、负责人、联系电话和地址。

② 事件发生的时间、地点。

③ 事件造成的危害程度、影响范围、伤亡人数、直接经济损失。

④ 事件的简要经过，已采取的措施。

⑤ 其他需上报的有关事项。

（3）突发事件报告程序。

有轨电车运营单位及相关应急机构接到有轨电车交通运营突发事件报告后，应迅速确认事件性质和等级，根据情况启动相应的预案，并在规定的时限内及时向上级应急机构报告。

当发生Ⅳ级有轨电车交通运营突发事件后，属有轨电车运营单位自身可以处理的事件，处理完毕后 30 min 内向应急指挥部报告；属相关成员单位提供协助处理的事件，事件发生后 1 h 内向应急指挥部办公室报告。应急指挥部接到信息后应在 2 h 内向市应急指挥中心报告。

当发生Ⅲ级有轨电车交通运营突发事件后，有轨电车运营单位应立即报应急指挥部。应急指挥部接到信息后在 1 h 内向市应急指挥中心报告。

当发生Ⅱ级和Ⅰ级有轨电车交通运营突发事件时，有轨电车运营单位应立即同时报应急指挥部和市应急指挥中心。应急指挥部接到报告后 30 min 内以电话形式向市应急指挥中心报告事件简要情况。

7.2 突发事件的应急处理流程

有轨电车交通运营突发事件发生后，有轨电车运营单位作为第一响应单位，应立即启动相关专项应急预案，成立企业层面的应急指挥机构，开展先期应急处置工作。

（1）有轨电车公司先期处置人员是驾驶员和乘务员。

（2）在自身能力范围内，积极开展现场救援、抢修等处置工作。

（3）派相关工作人员到现场进行应急处置，视情况迅速疏散列车及车站等范围内乘客，组织乘客自救。

（4）根据情况调整线路运营模式，采取措施防止运营列车进入突发事件现场区域，防止次生灾害发生。

（5）及时通过交通电台、告示牌、站内广播、电子显示屏等有效告知手段，发布车站封闭、线路调整等事件信息。

7.2.1 有轨电车火灾处理过程

（1）立即停车。

（2）疏散旅客。

（3）迅速扑救。

（4）切断火源。

（5）设置防护。

（6）报告救援。

（7）抢救伤员。

（8）保护现场。

（9）协助查访。

（10）认真取证。

1. 有轨电车初起火灾的应急处理

（1）准确确认。

列车运行中出现火情或初起火灾时，乘务人员应立即判明火情的类别、部位、程度，及时采取正确的措施，必要时使用紧急制动阀停车，并立即通知上级部门。

（2）疏散旅客。

乘务人员应迅速宣传、稳定和组织乘客疏散到邻近的车厢或其他安全处所，同时要加强宣传，防止发生混乱等意外问题。

（3）正确扑救。

如衣物、地板上杂物等发生火情时，应首先选择用就地取材的方式扑救。如需使用灭火器时，应果断使用，以免延误扑救时机。

（4）协助查访。

乘务员认真查访车辆烧损、乘客财物损失、火情原因、责任者等情况，立即向上级主管部门汇报。

（5）认真取证。

其主要包括 ① 当事人或目击证人的材料不少于两份。材料的内容应包括时间、地点、车次、姓名、住址、联系电话，以及火情的原因、经过等，材料应用笔录形式。② 本车厢乘务人员的材料。

2. 火情较大或发生爆炸时的处置

（1）立即停车。有轨电车在运行中发生火灾无法马上扑灭或运行中发生爆炸严重威胁行车和乘客人身安全时，乘务人员要选择利于疏散旅客的开阔地点停车。

（2）疏散旅客。起火车厢列车员应迅速组织本车厢乘客放弃携带物品，指导乘客用湿毛巾、手帕等捂住口鼻，采取低姿行走的方式，向安全位置疏散，尽力阻止旅客携带大件行李逃生。如车厢内浓烟弥漫时，乘务员应引导旅客疏散方向。

有轨电车未停稳时，乘务人员将旅客疏散到相邻未起火车厢（尽量向起火车厢运行前方车厢疏散）。

有轨电车停稳后，乘务人员要立即打开车门进行疏散下车，车上列车员要站在旅客容易发生拥挤踩踏的狭窄地点进行疏散。车下乘务人员要力求将全部乘客引导疏散到安全地带，对重点乘客给予帮助。

（3）迅速扑救。本着“先人员、后财产”的原则，统一指挥扑救。对已经疏散的乘客严禁再返回起火车厢。在扑救时，非紧急情况下不得使用安全锤打破车窗，以防空气流通加速火势蔓延。灭火时注意自身安全，火情较严重时，立即退出火场，以控制火势进一步蔓延为主，及时拨打当地“119”援助。

（4）切断火源。火灾发生时，要迅速判断火灾原因。电器火灾，必须首先切断电源，防止火势蔓延。

（5）设置防护。

（6）报告救援。由机车乘务员按规定及时向相关部门（单位）报告行车信息，并向相邻车站报告情况。要尽快向客调报告情况，请求救援。报告内容主要包括车次、列车编组、起火车厢编组位置、起火车厢车号、人员伤亡情况（是否有外籍旅客）、时间、区间、事故概况和现状等。

（7）抢救伤员。对危重伤员要首先抢救，尽力使其脱离险境，及时拨打“120”急救。同时，要根据伤员具体情况，采取措施进行抢救。

（8）保护现场。在扑救火灾过程中，工作人员要采取多种措施，维护现场秩序，组织人员视情况设置警戒区，禁止无关人员进入。注意保护好现场，不得擅自移动现场任何物品，对痕迹和物证要采取有效措施妥善保护。工作人员要维护秩序，保护现场，稳定乘客情绪，以免发生混乱。

（9）协助查访。乘务员要积极配合公安机关了解情况，提供线索，协助调查。同时，要认真清点疏散乘客和伤员人数、伤害程度、车票、财物、乘客姓名、性别、年龄、单位、地址、身份证号码及其他证件，并做好详细记录。分析查找起火原因，对可疑人员要进行看管。

（10）认真取证。及时进行调查取证，取证工作做到严密、细致、真实。

7.2.2 发现旅客携带、夹带危险物品的应急处理

乘务员发现旅客携带、夹带危险物品时，应首先查清危险品的品名、种类、数量，进行妥善放置，并及时汇报，按规定处理。对无人认领的疑似危险物品，在处理时要高度警惕，切不可麻痹大意、随意进行开包检查。对不能判明性质的可疑危险品，要立即疏散旅客，并

做好安全防范准备，必要时向公安机关汇报，请求支援。

7.2.3 车辆发生碰撞应急处置措施

（1）立即停车。停车以后，按规定拉紧手制动，关掉车辆的发动机，开启危险信号灯。如在夜间发生事故，还需开示宽灯、尾灯。在离约 150 m 处，设置危险警告标志。

（2）及时报案。

及时将事故发生的时间、地点、肇事车辆及伤亡情况，打电话或委托过往车辆、行人向附近的公安机关或执勤交警报案。在报警的同时，也可向附近的医疗单位、急救中心呼救、求援。如果现场发生火灾，还应向消防部门（119）报告。交通事故报警电话号码为 110 或 122。当事人应得到接警机关明确答复才可挂机，并立即回到现场等候救援及接受调查处理。

（3）抢救伤者。

确认受伤者的伤情后，能采取紧急抢救措施的，应尽最大努力抢救，包括采取止血、包扎、固定、搬运和心肺复苏等，并设法送就近的医院抢救治疗。

（4）保护现场。

保护现场的原始状态，包括其中的车辆、遗留痕迹、散落物不随意挪动位置。对现场散落的物品，应妥善保护，注意防盗防抢。在交警到来之前，可以用绳索等设置保护警戒线，防止无关人员、车辆等进入，避免现场遭受人为或自然因素的破坏。为抢救伤者，必须移动现场肇事车辆、伤者等，应在其原始位置做好标记，不得故意破坏、伪造现场。

（5）做好防火防爆措施。

不要在事故现场吸烟，以防引燃易爆物品。

（6）协助现场调查取证。

在交通警察勘查现场和调查取证时，必须如实向交警部门陈述交通事故发生的经过，不得隐瞒交通事故的真实情况。

7.2.4 发生劫持人质、杀人伤人等恐怖袭击的应急处置措施

（1）迅速报警。通知公安人员迅速封锁现场，设立警戒圈，控制局势。

（2）疏散人群。迅速组织力量疏散人群，孤立和隔断恐怖分子劫持人质或行凶杀人的中心现场。

（3）控制局面。配合公安人员开辟紧急通道，占据有利地形，抓捕人犯和解救人质。

（4）紧急救护。配合医疗救护人员对受伤人员进行紧急救治，努力减少人员伤亡。

7.2.5 发生旅客纠纷或斗殴事件的应急处置措施

（1）了解情况。遇乘客之间发生纠纷时，在场的工作人员要及时劝解，防止事态扩大。做好调解工作，制止打架斗殴，如有人员受伤时及时送就近医院救治。

（2）现场调解。对情节轻微、事实清楚、因果关系明确，不涉及医疗费用、物品损失的一般旅客纠纷，进行现场调解。

（3）人员救治。对于因民事纠纷引起的殴打他人、故意伤害、故意损毁财物案件，要及时劝阻，防止事态扩大，并对受伤者积极进行抢救。

（4）及时报警。情况严重时及时报警，工作人员做好收集旁证材料工作。

（5）安抚乘客。做好现场乘客的宣传和安抚工作，防止再次发生纠纷。

7.3 有轨电车公司模拟应急演练

7.3.1 车内应急消防演练

演练中模拟车厢内部突发火灾，乘务员第一时间与司机取得联系，打开车门疏散乘客，并利用随车携带的干粉灭火器对车内明火进行扑灭，整个过程在 1 min 内完成。

有轨电车公司组织演练，主要目的是通过演练，增加司乘人员的协同配合能力，确保发生火灾时，能够有序对乘客进行疏散，并且对火灾进行扑灭，保证有轨电车的正常运营。

过程如图 7-1 所示。

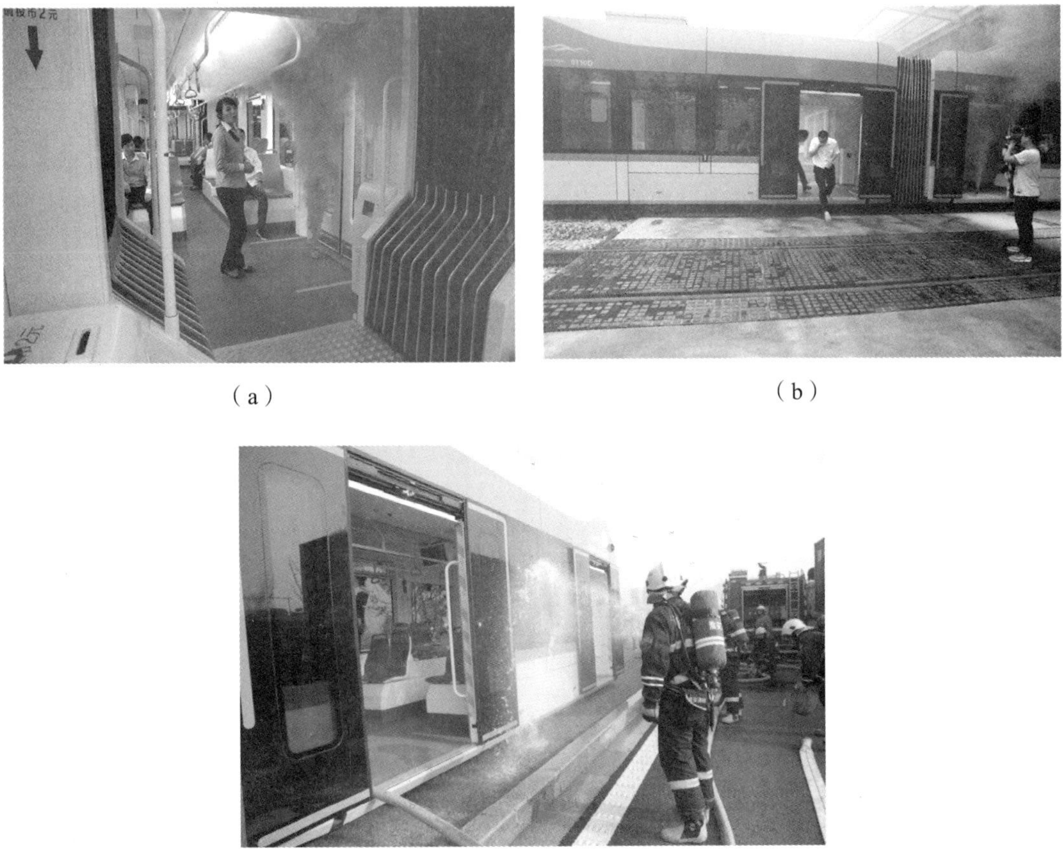

（a）　（b）　（c）

图 7-1　应急消防演练场景

7.3.2　演练模拟社会车辆与有轨电车发生碰撞

演练模拟有轨电车在正线路口与闯红灯的社会车辆发生碰撞，模拟造成有轨电车上 1 名乘客受伤，社会车辆上 1 人受伤，社会车辆占据轨行区无法启动，侵限，事故电车脱轨，车体受损，失去动力的交通事故场景。如图 7-2 所示。

图 7-2　模拟社会车辆与有轨电车碰撞

一辆机动车违章冲入有轨电车轨行区，损坏轨行区设施，列车因急刹车造成车内乘客受伤，需应急救护处理。司机紧急停车后报值班调度。控制中心接到汇报后立即启动《交通事故应急预案》《列车冲突、倾覆、脱轨应急预案》《有轨电车故障救援应急预案》和《外界设施侵限应急预案》，迅速指挥司机做好现场配合处置和列车安全保护工作。同时，值班调度中心在 1 min 内通知交警大队、公安、120 急救等进行快速救援处理，把现场情况上报至市办、交通运输局、区应急办，同时通知安全稽查员、应急抢修队快速抵达事故现场，对列车、设备设施进行救援处理。有轨电车公司安全稽查员负责与现场交警、消防等负责人员做好对接协调工作，联动协作快速恢复有轨电车运营服务。各专业救援队伍立即开展救援行动。过程如图 7-3、图 7-4 所示。

图 7-3　电车司机打开车钩盖板

（a）救援人员现场实施“拖车”救援

（b）电车司机两车连挂作业

（c）车辆及工务人员现场救援场景

图 7-4　发生碰撞后应急演练场景

8 客运安全管理

8.1 安全管理基本知识

8.1.1 安全教育的由来

通常在轨道交通运输行业员工入职后进行三级安全教育。三级安全教育制度是企业安全教育的基本教育制度，是指新员工的厂级安全教育、车间级安全教育和岗位（工段、班组）安全教育。在运营分公司，三级安全教育是指公司级、部门级和班组级。实施三级安全教育制度原因如下。

（1）国家法律法规的要求。

《中华人民共和国安全生产法》第二十五条规定，生产经营单位应当对从业人员进行安全生产教育和培训，保证从业人员具备必要的安全生产知识，熟悉有关的安全生产规章制度和安全操作规程，掌握本岗位的安全操作技能，了解事故应急处理措施，知悉自身在安全生产方面的权利和义务。未经安全生产教育和培训合格的从业人员，不得上岗作业。

（2）企业生存发展的需求。

安全在全球轨道交通行业内部都受到普遍重视。轨道交通运输是广泛的社会分工中的一个分支，是社会化大生产的重要组成部分。整个社会为轨道交通系统提供生产对象“乘客”，而在轨道交通系统则通过保证人员流通，为乘客提供交通服务，从而使社会效益得到保证。只有保证轨道交通系统的安全，才能吸引更多的乘客乘坐、更大范围地解决城市中的交通拥堵问题；也只有使轨道交通系统更加安全，才能使社会效益更上一个台阶。

轨道交通运输不能创造出新的产品，只是实现劳动对象的“位移”。所以，要提高轨道交通的经济效益，首先就要保证所运输的乘客能安全地到达目的地，以满足社会的不同需求。

（3）员工自我保护的需求。

员工是企业最宝贵的财富和生产力的基本保障，而员工的健康与安全是企业生产力的基础，企业有责任、有义务去保护他们的健康安全，树立以人为本的理念，满足员工的生命权、健康权的需求。

对员工进行有效的安全培训，统一思想认识，灌输员工所需安全知识和自我防范技能，提升员工的安全素质和辨识、感悟的能力，使其明白作业原理，掌握安全作业方法，积累相关安全工作经验，形成运用逻辑、理智化的安全理性思维，避免无知、侥幸心理，甚至蛮干作业的思想状态出现。

8.1.2 安全的有关概念

（1）安全的概念。安全是指在生产活动过程中，能将人或物的损失控制在可接受水平的状态。换言之，不管事故是否发生，只要人或物的损失是在人们可以接受的范围之内，就称之为安全；反之则为不安全。其具体内涵包括以下几点：

① 这里所讨论的安全指的是生产领域中的安全问题。

② 安全不是瞬间的结果，而是对系统在某一时期、某一阶段过程状态的描述。

③ 衡量系统是否安全的标准在不同的时代、不同的生产领域是不相同的。

④ 安全是在具有一定危险性条件下的状态，安全并非绝对无事故，其矛盾双方为安全与危险。

⑤ 没有绝对的安全，安全只是相对的。

（2）事故的概念。事故是指在生产活动中，由于人们受到主客观条件（科学知识和技术力量的限制，或者由于认识）的局限，突然发生的违背人们意愿的事件。其具体内涵包括以下几点：

① 事故是违背人的意愿的一种现象。

② 事故是隐患突变，并失去控制的外在表现。

③ 事故是不确定的事件，既受必然性支配，又受偶然性影响。

④ 事故可以预防、减少，但是不能消灭。

⑤ 事故只要发生，就会给人、物造成损失。

（3）危险的概念。危险是指在生产活动过程中，人或物遭受损失的可能性超出了可以接受范围的一种状态。危险与安全一样，也是与生产过程共存的过程，是一种连续性的过程状态。危险包含了尚未为人所认识的，以及虽为人们所认识但尚未为人所控制的各种隐患。

危险性与安全性的对比如图 8-1 所示。

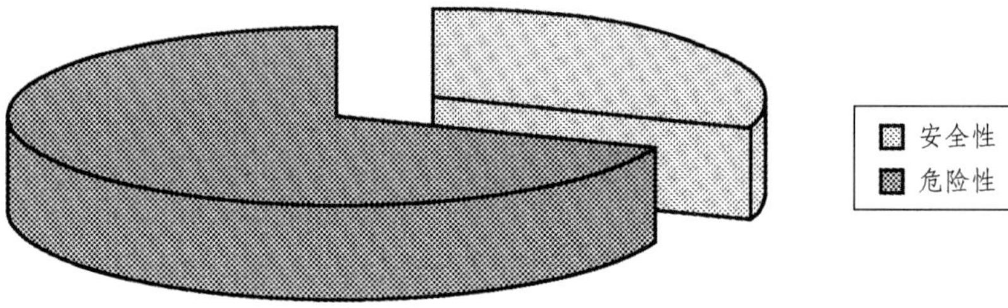

图 8-1 危险性与安全性的关系

① 危险性（R），即风险，是衡量系统危险程度的客观量。

② 安全性（S），是衡量系统安全程度的客观量。

③ 安全与风险相对应，$R=1-S$。

（4）隐患的概念。隐患是指在生产活动中，由于人们受到科学知识和技术力量的限制，或者由于认识上的局限，客观存在的可能对系统造成损失的不安全行为或不安全状态。隐患是事故发生的必要条件，常见的安全隐患有以下几种类型：

① 最大的心理隐患，如惰性心理、侥幸心理、麻痹心理、逞能心理。

② 最直接的人为隐患，如违章、违纪、违标。
③ 最根本的管理隐患，如官僚主义、形式主义、好人主义。

8.2 安全管理的途径

8.2.1 安全的影响因素

从系统论的观点出发，影响安全的诸多因素可以归结为人、机、环境和管理。1976 年，纽约工业学院的 E. J. Cantilli 等揭示了以管理为边界的人、机、环境之间的关系（见图 8-2）。

从图中可知以管理作为约束的系统各要素（人、机、环境、管理）之间的相互关系及相互作用。安全科学的理论和实践指出，在人-机-环境系统中，影响安全的因素有人、机（设备）、环境和管理 4 大要素，有轨电车系统也不例外。

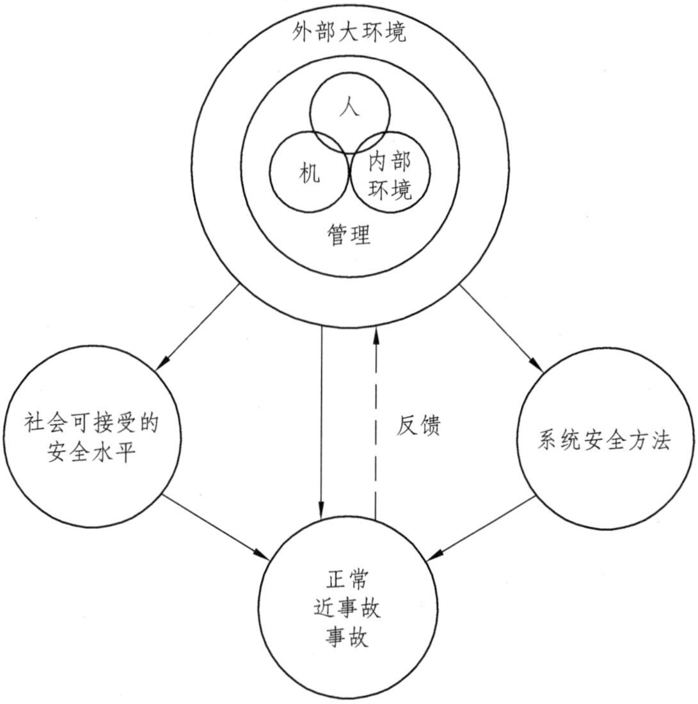

图 8-2　影响安全的因素及相互关系

1. 人的因素

对于人的影响因素，要从行车乘务人员、其他运输部门人员、基层人员和系统外人员分别进行分析；而对最重要的行车乘务人员，则从思想素质、技术业务素质、生理心理素质和群体素质诸方面进行详细分析。

有轨电车公司员工在作业过程中，应当严格遵守本单位的安全生产规章制度和操作规程，服从管理，正确佩戴和使用劳动防护用品。

员工应当接受安全生产教育和培训，掌握本职工作所需的安全生产知识，提高安全生产技能，增强事故预防和应急处理能力。

从业人员发现事故隐患或者其他不安全因素，应当立即向现场安全生产管理人员或者本单位负责人报告。接到报告的人员应当及时予以处理。

对于系统外人员，一般引发有轨电车突发事件发生的因素有未遵守乘客守则、人为故意破坏、无应急技能。

乘客乘坐有轨电车，应当遵守乘车规则。禁止下列危害有轨电车交通运营安全的行为：

（1）在车道、车站（站台）、站厅、出入口、通道等相关区域内停放车辆，堆放物品，设置障碍，擅自摆设摊点，携入或者放置易燃、易爆、有毒有害等危险物品；

（2）触碰有轨电车充电装置；

（3）干扰有轨电车交通专用无线通信频段；

（4）损坏、擅自操作有轨电车交通设施设备；

（5）在非紧急状态下启用紧急安全装置；

（6）非法拦截、击打有轨电车；

（7）钻车、扒车、跳车；

（8）在轨道线路上行走、坐卧或者在未设平交道口、人行过道的轨道线路上通过、翻越车道隔离栏；

（9）向线路范围内抛弃杂物；

（10）其他危害有轨电车交通运营安全的行为。

2. 设备的影响因素

对于设备的因素，可从具体设备和总体设备两方面分别进行分析。前者从可靠性、先进性、操作性和维修方便等方面衡量其设计的安全性，从运行时间、故障维修保养确定其使用的安全性；后者则从设备的布局、配合性、作业能力和固定资产含量等方面分析设备的安全性总和。具体来说，设备包含供电系统、通信信号系统、环控系统、车辆系统及其他辅助设备系统中的所有设备，这些设备在运营过程中都存在一定的风险。

投入运营的有轨电车应当符合下列要求：

（1）车辆性能符合技术规范要求；

（2）标明线路线号、运行走向、起讫点和停靠站等运营信息；

（3）按照规定设置应急窗、救生锤、灭火器、视频监控系统等设施，并确保设施完好。

在有轨电车专用车道，设置相应的专用车道标志、标线。事故易发路段设立车道隔离栏。在平面交叉路口设置有轨电车专用信号灯、停止线、有轨电车车道线。

3. 环境的影响因素

对于环境的影响因素，可按内部环境和外部环境分别进行分析。前者是着重作业环境分析，如温度、湿度、照明、噪声等，还包括运营系统内部的社会环境，政治环境、经济环境、文化环境、法律环境；后者着重自然环境（地理、气候、时间和自然灾害等）和外部社会环境（政治、经济、技术、社会、家庭、法律和管理等）的分析。一些自然灾害会对运营造成影响，甚至可能引发次生灾害而造成更大的危险，如水灾、地震。

4. 管理的影响因素

如果管理上存在缺陷，同样会导致人为事故的发生。按照社会可接受的安全水平，可将系统状态分为正常状态、近事故状态或事故状态。当系统无论处于哪种状态时，都可以将系统状态的数据反馈给管理系统，便可通过管理改变系统行为，并产生不同程度的安全接受水平和系统状态。系统状态数据还可用于改进系统安全管理方法，从而得到更为安全的系统。由此可以看出管理的重要性。对管理因素而言，则主要从组织管理、法制管理、技术管理、教育管理、信息管理和资金管理等方面进行分析。

总之，运输安全的水平，取决于人员、设备、环境、管理的本质安全化水平，其中人是系统安全的核心，设备是安全的基础，环境是系统安全的外部条件，而管理则是在一定技术经济和社会条件下系统安全的关键。

8.2.2 有轨电车系统安全管理方针

有轨电车系统安全管理以人为本，其方针是安全第一、预防为主、综合治理。

（1）安全第一。安全生产的工作方针，是经过不断的经验总结，经历了较长的历史时期而逐步形成和确定的。“安全第一”是基础，安全和生产发生矛盾，必须先解决安全问题，保证安全条件，进行正常运营，发挥职工积极性，提高劳动效率，促进经济建设，保持社会稳定。

（2）预防为主。“预防为主”是安全生产方针的核心和具体体现，是实施安全生产的根本途径。

①“预防为主”是实现“安全第一”的保证。

②“预防为主”要体现“以人为本，重视教育”。

③“预防为主”要做到“安全生产、人人有责”。

④“预防为主”着重前馈控制。

⑤“预防为主”要有严格的工作制度。

⑥“预防为主”就是要坚持长久，“预防为主”就是要警钟长鸣。

⑦“预防为主”就是要求做好日常例行安全工作。

⑧“预防为主”就是要推广安全性评价。

（3）综合治理。它是实施手段，统筹一切有利因素，确保运营安全，坚持安全第一，必须以预防为主，实施综合治理隐患，防范事故，才能把“安全第一”落到实处。事故源于隐患，主动排查，综合治理各类隐患，把事故消灭在萌芽状态。

8.2.3 有轨电车系统安全管理途径

（1）建立完善安全规程，做到安全生产有章可循。完善安全规章制度是抓好运营安全工作的保障。

（2）建立三级安全网络，落实安全生产责任制。地铁运营企业要坚持安全第一，预防为主的工作方针，全面贯彻《安全生产法》，强化制度化、规范化、科学化的安全管理。

（3）建立安全检查制度，预防运营事故发生。加强监督检查机制是抓好运营安全工作的关键。

（4）建立安全培训制度，营造安全文化氛围。提高员工安全意识和技能是抓好运营安全工作的基础。

（5）建立应急救援体系，增强应急处置能力。根据国内外运营救援抢险的经验和突发事件的特点，建立健全应急预案体系，针对有轨电车交通运营线路发生火灾、爆炸、自然灾害以及因设备故障等异常原因造成影响运营的非常情况制定相应的应急预案。

（6）建立事故处理机制，落实责任追究制度。建立健全事故处理机制，按照“四不放过”的原则和“安全奖惩办法”，对事故进行定因、定性、定责，严格惩处相关责任人。

（7）建立警地联动机制，共保平安。

8.3 通用的安全知识

8.3.1 火灾消防安全知识

1. 火　灾

火灾是指在时间或空间上失去控制的灾害性燃烧现象。人们通常所说的“火”，其实是物质燃烧的一种现象，燃烧是指可燃物与氧气或氧化剂作用发生的放热反应，通常伴有火苗和发烟的现象。

2. 燃烧的三要素

（1）可燃物：能与空气中的氧或其他氧化剂起燃烧反应的物质，如木材、纸张、布料等。可燃物中有一些物品，遇到明火特别容易燃烧，称为易燃物品，常见的有汽油、酒精、石油液化气等。

（2）助燃物：能帮助和支持可燃物质燃烧的物质，即能与可燃物发生氧化反应的物质，如空气、氧气。

（3）着火源：供给可燃物与助燃剂发生燃烧反应能量的来源。除明火外，电火花、摩擦、撞击产生的火花及发热，造成自燃起火的氧化热等物理化学因素都能成为着火源。

3. 防火的基本方法

（1）消除着火源。

（2）控制可燃物。

（2）隔绝空气。

4. 乘客携带品

乘客应当配合运营单位对其携带的物品进行安全检查，并配合公安机关或运营单位对可疑物品的开包检查；对拒绝配合安全检查或者携带危险品的乘客，禁止进站、乘车；对强行进站、强行乘车或者扰乱现场秩序的，由公安机关依法处理。每位乘客随身携带物品总质量不得超过 20 kg（长、宽、高之和不得超过 1.8 m，总体积不超过 0.15 m^3），禁止携带易燃、易爆、有毒、放射性、腐蚀性等法律、法规规定的危险物品以及不能判明性质的化工产品乘车。

5. 发生火灾处理措施

（1）车厢内部突发火灾，乘务员第一时间与司机取得联系，打开车门疏散乘客，让乘客从两头车门有秩序地下车并利用随车携带的干粉灭火器对车内明火进行扑灭。

（2）如果火焰小但封住了车门，乘客们可用衣物蒙住头部，从车门冲下。

（3）如果车门线路被火烧坏，开启不了，乘客应砸开就近的车窗翻下车。

（4）开展自救、互救方法逃生。

在火灾中，如果乘车人员衣服被火烧着了，不要惊慌，应沉着冷静地采取以下措施：

（1）如果来得及脱下衣服，可以迅速脱下，用脚将火踩灭。

（2）如果来不及脱下衣服，可以就地打滚，将火滚灭。

（3）如果发现他人身上的衣服着火时，可以脱下自己的衣服或用其他布物，将他人身上的火捂灭，切忌着火人乱跑，或用灭火器向着火人身上喷射。

6. 注意事项

（1）报警。

任何人发现火灾时，应当立即报警，无偿为报警提供便利，不得阻拦报警。严禁谎报火警。

“119”“110”“120”的报警电话“三台合一”，遇火警报警电话不畅，可拨打其他号码间接报警。

迅速准确讲清详细地址、起火部位、起火物质、火势大小、已采取措施及报警人姓名和联系电话。

在报警后，还应接应和引导消防车迅速到达火场。

（2）灭火的注意事项。

扑救电器火灾应断电后才能用水扑救。

扑救油类火灾，不能用水扑救。

使用灭火器灭火应将软管对准火焰根部。

可以就地取材，采用湿棉被、湿毛巾、沙土等灭火。

（3）四懂四会。

① 四懂：懂得岗位火灾的危险性，懂得预防火灾的措施，懂得扑救火灾的方法，懂得逃生的方法。

② 四会：会使用消防器材，会报火警，会扑救初起火灾，会组织疏散逃生。

8.3.2 伤害急救常识

重点培训驾驶员、乘务员们对乘客摔伤、发病等情况如何进行正确判断和处置，以及如何开展心肺复苏、创伤急救等，能在乘客发生突发性疾病时，第一时间提供救助，避免延误救援时机。

1. 机械伤害急救要点

（1）保持冷静，迅速检查；看神志、呼吸；摸脉搏、听心跳；查瞳孔、测血压；有无创伤、出血、骨折、畸形；采取临时应急措施，比如人工呼吸、心脏按压、止血、包扎、固定。

（2）迅速求援。

打通用医疗急救电话 120，讲清地点、联系方法、行驶路线，说明伤员情况、症状，派人迎候。

2. 现场急救技术

心肺复苏（Cardiopulmonary Resuscitation）技术，简称 CPR，是指当心跳停顿及呼吸终止时，合并使用胸外按压和人工呼吸来达到急救目的一种技术。作为一项急救技能，它能够挽救生命。

心搏呼吸停止后，人体血液循环终止，全身器官组织出现缺血缺氧，尤其脑细胞对缺氧非常敏感，一般在血液循环停止后 4 ~ 6 min 大脑即发生严重损害，甚至不能恢复。

在常温下，心搏停止 3 s 病人感头晕，10 ~ 20 s 即发生晕厥或抽搐，60 s 后瞳孔散大，呼吸可同时停止，亦可在 30 ~ 60 s 后停止，4 ~ 6 min 后大脑细胞有可能发生不可逆损害。

因此，必须在心搏停止后立即进行有效的心肺复苏，复苏越早存活率越高。4 min 内可有 50%被救活，4 ~ 6 min 开始复苏约 10%被救活，超过 6 min 存活率仅 4%，数十分钟以后进行复苏存活率更低。

急救技术的使用过程如图 8-3 所示。

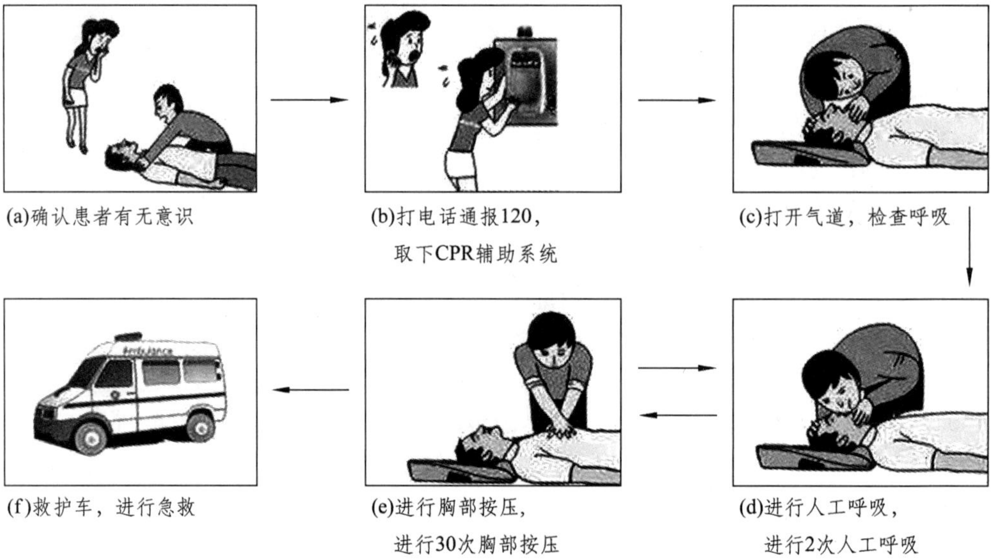

图 8-3　CPR 急救技术

（1）人工呼吸。

口对口（鼻）吹气法是现场急救中采用最多的一种人工呼吸方法，其具体操作方法：

① 对伤员进行初步处理。将需要进行人工呼吸的伤员放在通风良好，空气新鲜、气温适宜的地方，解开伤员的衣领、裤带、内衣及乳罩，清除口鼻分泌物、呕吐物及其他杂物，保

证呼吸道畅通。

② 使伤员仰卧，施救人员位于其头部一侧，捏住伤员的鼻孔，深吸气后，将自己的嘴紧贴伤员的嘴吹入气体。之后，离开伤员的嘴，放开鼻孔，以一手压伤员胸部，助其呼出体内气体。如此，有节律地反复进行，每分钟进行 15 次。吹气时不要用力过度，以免造成伤员肺泡破裂。

③ 吹气时，应配合对伤员进行胸外心脏按压。一般地，吹一次气后，作 4 次心脏按压。

（2）心脏复苏。

胸外心脏按摩是心脏复苏的主要方法，它是通过压迫胸骨，对心脏给予间接按摩，使心脏排出血液，参与血液循环，以恢复心脏的自主跳动。其具体操作方法如下。

① 让需要进行心脏按压的伤员仰卧在平整的地面或木板上。

② 施救人员位于伤员一侧，双手重叠放在伤员胸部两乳正中间处，用力向下挤压胸骨，使胸骨下陷 3 ~ 4 cm，然后迅速放松，放松时手不离开胸部。如此反复有节律地进行。其按摩速度为每分钟 60 ~ 80 次。胸外心脏按摩时的注意事项：a. 胸部严重损伤、肋骨骨折、气胸或心包填塞的伤员，不应采用此法。b. 胸外心脏按摩应与人工呼吸配合进行。c. 按摩时，用力要均匀，力量大小看伤员的身体及胸部情况而定；按压时，手臂不要弯曲，用力不要过猛，以免使伤员肋骨骨折。d. 随时观察伤员情况，作出相应的处理。

3. 注意事项

（1）口对口吹气量不宜过大，一般不超过 1 200 mL，胸廓稍起伏即可。

（2）胸外心脏按压只能在患（伤）者心脏停止跳动情况下才能施行。

（3）口对口吹气和胸外心脏按压应同时进行，严格按吹气和按压的比例操作，吹气和按压的次数过多和过少均会影响复苏的成败。

（4）胸外心脏按压的位置必须准确。不准确容易损伤其他脏器。

（5）施行心肺复苏术时应将患（伤）者的衣扣及裤带解松，以免引起内脏损伤。

（6）复苏有效时，可见病人有眼球活动，口唇、甲床转红，甚至脚部恢复知觉，观察瞳孔时，可由大变小，并有对光反应。

9 有轨电车客运服务

9.1 有轨电车服务意识、规范与标准

9.1.1 服务意识

服务是指为他人做事，并使他人从中受益的一种有偿或无偿的活动，不以实物形式而以提供劳动的形式满足他人某种特殊需要。服务是一种感觉。

有轨电车公司员工在乘客服务区应保持良好服务意识，言行举止要注意文明礼貌，主动、热情地向有需要的乘客提供帮助。

乘客服务区是指乘客从进站至出站整个过程中所经过的有轨电车管辖区域，包括车站站台、列车、换乘通道、出入口等。

9.1.2 行为规范

（1）员工应注意形象，进入设备区及在车站、列车作业期间，均应佩戴胸卡和工号牌，服从车站的统一管理；不得在乘客服务区喧哗、饮食、躺卧。

（2）员工穿着制服（工作服）搭乘轨道交通时，应注意仪容仪表，着装整齐，不穿污垢、污渍制服（工作服），不得赤膊、赤脚或穿拖鞋，不挽袖挽裤；上下班途中，如穿着工装，须按标准着装，注意仪态，举止文明，主动给乘客让座，不得与乘客争抢座位。

（3）员工应执行“首问责任制”，禁用撞语、冷语、辩语。对自己无法回答的问询，应请教同事或引导乘客咨询其他工作人员，不得给乘客误导，不得互相推诿。

（4）员工回答乘客问询时，要耐心有礼，面带微笑。不得不理睬，不得边走边回答，不得边工作边回答，也不得以摇头、点头等方式回答乘客，应站立或停下手中工作认真回答（如工作确实无法停止应请乘客稍等，并在工作后第一时间回答）。

9.1.3 着装标准

（1）上班时间应按规定整齐统一穿着工作制服，佩戴领带、领结、肩章、工号牌、工帽（在设备区当班员工不佩戴工帽并置于乘客视线范围外），工号牌戴在左胸前口袋上沿中部（如未配发工号牌或工号牌丢失期间应佩戴本人胸卡），在分公司范围内（不含车站）必须佩戴胸卡，胸卡统一用胸卡带挂在胸前。

（2）女员工只可化淡妆，头发长度超过肩膀的身着工作制服时，必须佩戴头花，将头发

挽于头花网内；男员工不准留长发、大包头、大鬓角和胡须；前额蓄发不得露于帽外，帽墙下面的头发不得超过 1.5 cm。若染发要尽量贴近天然颜色，不得染黄、红、白等夸张的色彩或挑染发色。

（3）女员工穿着制服时，只能佩戴式样简洁大方的项链（不可露出制服）、戒指（只可带一枚简单的）、耳钉（无坠，只可在耳垂上带一副），其他饰品和款式夸张的项链、戒指，一律不允许佩戴。男员工只可佩戴一枚简单的戒指。

9.1.4 服务标准

遇到乘客求助、问询时，

（1）面向乘客，立定，双脚自然并拢。

（2）双手握手（左手握右手或右手握左手，可根据是否手提扩音器、无线对讲设备而定），放于身前自然下垂。

（3）微笑、点头，并以“您好”开始，询问乘客有什么需要帮忙。

（4）处理完事务后，以“再见”结束，并以单手斜抬起 30° 角度，作送别的礼议。

售票、处理票务事务时，

（1）为乘客处理票务事务时，客服应微笑、点头，作欢迎的礼仪；按标准完成票务事务的处理，注意唱票。

（2）处理完乘客事务后，以“再见”结束，并以单手斜抬起，作送别的礼仪。

9.2 有轨电车服务要求

有轨电车公司制定车站、车辆巡查制度；加强运营服务区域环境整治，及时清除车站区域的垃圾、污物、乱涂乱画及小广告；定期对站车内的座椅、扶手、地面、玻璃等进行清洁和消毒，保持站、车环境整洁。

有轨电车公司对乘客携带的物品进行安全检查；拒不接受安全检查或者携带危险品的，公司有权拒绝其乘车；强行乘车的，由公安机关依法处理。

有轨电车在车站醒目位置设置线路图、首末班车时间、列车运行方向、乘客守则及安全注意事项等客运服务标志。各种标志内容应根据信息变化及时更新。

公布票价信息，在车厢内设置儿童免费乘车身高标志线。

按照下列要求向乘客提供信息服务：

（1）通过乘客信息系统、广播等向乘客提供有轨电车到达及安全提示等信息；

（2）将有关公告、告示和通知按规定置于车站告示牌内或张贴至醒目位置，到期后及时撤除或更换；

（3）发生非正常情况或设施设备故障影响正常运营时，及时通过多种信息发布方式告知乘客，并视情采取措施疏散乘客；未完成运输服务的，按相关规定做好换乘和解释工作。

发生有轨电车客流量激增可能危及运营安全时，采取限制客流等临时措施，确保运营安全。

采取限制客流等临时措施无法保证运营安全时，有轨电车员工应当及时启动有轨电车突发事件相关应急预案，并按预案要求向有关部门报告。

9.3 有轨电车服务用语

有轨电车服务用语包括以下几类。

（1）十字文明服务用语："您好、请、谢谢、对不起、再见"；

（2）应根据乘客的不同身份使用恰当的称呼用语，如先生、小姐、同志等，不得使用"喂""嘿""那位"等不礼貌用语称呼乘客；

（3）处理乘客事务要态度和蔼、得理让人，不得讲斗气、噎人、训斥、顶撞、过分及不在理的话。

9.4 乘客投诉的处理

随着消费者层次的提高，消费者越来越注重自己的权益问题。以前是多一事不如少一事，但现在越来越多的乘客为了自己的权益会选择投诉。当乘客乘坐轨道交通时，会对出行本身和企业的服务抱有良好的愿望和期盼，如果这些要求和愿望得不到满足，就会失去心理平衡，由此就会产生"讨个说法"的行为，这就是投诉。广义地说，乘客任何不满意的表示都可以看作投诉。

9.4.1 乘客投诉的分类

1. 按照投诉的表达方式分类

乘客感到不满意后的反应不外乎两种：一是说出来，二是不说。据一项调查表明，在所有不满意的乘客中，有69%的乘客从不提出投诉，有26%的乘客向身边的服务人员口头抱怨过，而只有5%的乘客会向投诉管理部门（如客服中心）正式投诉。其中，正式投诉根据乘客表达方式的不同可以分为以下3种：

（1）当面口头投诉（包括向公司的任何一个职员）。

（2）书面投诉（包括意见箱、邮局信件、网上电子邮件等）。

（3）电话投诉（包括热线电话、投诉电话等）。

2. 按投诉的内容分类

按投诉的内容主要可以分为车站服务、列车运行、乘车环境、票款差错、设备故障等。

3. 按投诉的性质分类

按投诉的性质可以分为有责投诉和无责投诉。有责投诉是指因工作人员工作失误、违规操作、设备设施保障不力等而引起的投诉。无责投诉包括两种情况：一是由于自然灾害等不可抗力因素导致服务失误而引起的投诉；二是因为乘客自身原因而引起的投诉。对于前者，运输企业应该加大应急事件的处理能力；对于后者，运输企业应该加强对乘客的宣传。

9.4.2 乘客投诉的原因

乘客感到不满的原因有很多，有时候他们的愤怒是有道理的，而有时候，可能觉得他们简直是在无理取闹。无论有没有道理，我们都要牢记“乘客投诉都是有原因的”。要想消除他们的不满，就必须找到引起他们不满意的原因，如表 9-1 所示。

表 9-1 乘客投诉原因

乘客自身原因	企业服务的原因
（1）乘客对服务的期望值过高，乘客的要求服务人员无法满足。 （2）乘客不了解或不知道企业规定。 （3）乘客本身强词夺理	（1）设备设施故障影响出行。 （2）工作人员不规范作业，业务能力不过关。 （3）工作人员的工作效率太低。 （4）工作人员说话态度不好。 （5）工作人员的不作为。 （6）工作人员没有足够能力来解决乘客的问题。 （7）因工作人员疏忽，乘客的利益遭受损失

9.4.3 认识投诉

只要是服务行业，就无法避免消费者的抱怨和投诉，即使是最优秀的服务企业，也不可能保证永远不发生失误或引起投诉。作为城市轨道交通的客运服务部门，在服务过程中引起乘客投诉是很正常的，不能一味地恐惧投诉，厌恶投诉。需要对投诉有一个清醒的认识，这样才能更好地处理投诉，更有效地改进服务工作并提高服务质量。

9.4.4 乘客投诉处理技巧

在处理投诉的过程中，我们会遇到各式各样的乘客。除了要好好把握乘客投诉处理的基本原则外，还需要掌握一定的处理技巧，只有这样我们才能更好为乘客服务，提升城市轨道交通企业的服务质量。

1. 用心倾听

抱怨的乘客需要有忠实的听众，工作人员喋喋不休的解释只会让乘客感觉在推卸责任，从而使乘客的心情更差。面对乘客的投诉，工作人员需要掌握倾听的技巧，从倾听中掌握事情发生的细节，找出乘客投诉的真正原因以及其所期望的结果。倾听是一种情感活动，是要真正理解对方所说的意思。想要做到用心倾听我们需要注意以下几点：

（1）要有耐心。在乘客投诉的过程中，切忌轻易打断乘客，要仔细思考乘客提供的信息。

应该花 80%的时间去听，给乘客 80%的时间去讲。倾听过程中要保持冷静的心态，不受其他事物的影响。

（2）学会回应。倾听的过程中要运用眼神、表情等非语言传播手段来表示自己在认真倾听。尽可能以柔和的目光注视着对方，并通过点头等方式及时对对方的谈话作出反应。

（3）用心。站在乘客的角度考虑问题，将心比心地感受乘客的心情。这是真正能听到乘客心声的好办法，是乘客服务中不可或缺的沟通技巧。

（4）不要挑对方的毛病。倾听时不要当场提出自己的批判性意见，更不要与对方争论，尽量避免使用否定别人的回答或评论式的回答，如“不太可能”“我认为不该这样”等。应该站在对方的立场去倾听，努力理解对方所说的每一句话。

用心倾听的具体做法如表 9-2 所示。

表 9-2　用心倾听的具体做法

要	不　要
（1）乘客投诉到车站时，应先请乘客坐下并及时给乘客倒水，表示对乘客的尊重。 （2）乘客叙述时要用心倾听，让乘客发泄情绪。在倾听过程中，可以插入“我理解、我明白”这样的话语来表示对乘客的重视与理解。 （3）不要轻易打断。如果有不明白的地方，要等乘客说完后，以婉转的方式请乘客提供情况，如“对不起，是不是可以再向您请教……？” （4）适当安抚乘客情绪。如“请您别着急”“您先消消气”等	（1）态度冷漠，对乘客的话没有回应。 （2）观点不同时，粗暴地打断乘客。 （3）表示出不满或不耐烦

2. 了解乘客投诉的心理期望

乘客只有在对服务不满的情况下，才会进行投诉。对乘客来说，既然选择了投诉，就一定会有一个心理预期并希望得到满意的答复。作为服务人员，只有弄清了乘客投诉的心理期望，才能够有针对地处理投诉。一般来说，乘客投诉的心理期望主要有以下几种：

（1）希望问题能被认真对待。有时乘客进行投诉或建议，并不是要求企业一定能够彻底改变这种现象，只是发表对此状态的看法与观点，给企业以警示。对于这种期望的乘客，我们一定要积极对待，耐心的听完乘客的批评与建议，抱着“有则改之，无则加勉”的正确态度，适当的对乘客表示感谢。

（2）希望得到当事人的道歉和尊重。乘客投诉有很大一部分是对工作人员服务态度的不满，这种情况下，乘客当然希望自身能得到重视，并希望当事人能给予道歉。在这种情况下，我们要耐心倾听，即使是乘客有错，我们也不要想着去理论，避免产生新的不满或进一步加深矛盾。因为乘客既然选择了投诉，就不会觉得是自己的责任。

（3）希望相关人员得到惩罚或惩戒。有时乘客对某位工作人员的服务不满，就会投诉，并希望该工作人员得到惩罚，所以我们需要向乘客保证企业一定会采取正确的行动，避免将来发生类似的问题。

（4）希望得到赔偿或补偿。乘客想要为自己的损失取得赔偿，也想为耗费的时间、造成的不便，或遭受的痛苦得到补偿。对于是由我们责任而造成的乘客损失，当然要协商赔偿办法，对于不是我们责任造成的乘客损失，也不能一味地迁就，要耐心向乘客解释清楚。

3. 真诚道歉

当乘客抱怨或投诉时，无论是否是工作人员的原因，都要诚心地向乘客道歉，并对乘客提出的问题表示感谢。尤其是在工作确实有过失的情况下，更应该马上道歉。如“对不起，给您添麻烦了”这样，可以让乘客感到自己受到了重视。具体做法如表 9-3 所示。

表 9-3 真诚道歉的具体做法

要	不 要
（1）适当表示歉意。让乘客了解你非常关心他的情况，如“我们非常抱歉听到此事。” （2）道歉要诚恳，如“对不起，耽误您的时间了。”	（1）认为自己的行为没有错误，拒绝道歉。 （2）道歉缺乏诚意，语音语调或肢体语言表现出不乐意或不耐烦

4. 协商解决

在听完乘客投诉之后，工作人员首先要弄清楚乘客投诉和抱怨的原因，了解乘客的想法，切忌在没有了解乘客想法之前就自作主张地直接提出解决方案。在协商解决时，不要推卸责任，指责或敷衍乘客。在明白乘客的想法后，首先，要十分有礼貌地告知乘客将要采取的措施，并尽可能让乘客同意。如果乘客不知道或者是不同意这一处理决定，就不要盲目地采取行动。具体做法如表 9-4 所示。

表 9-4 协商解决具体做法

要	不 要
（1）平复乘客的不满情绪。如“我很能理解您的想法。” （2）主动提出建议和解决方法。如果是因为票卡（款）等问题，可以根据乘客的意见和表现出来的意思，结合实际情况，提出措施，如果是因为对服务人员的态度不满，则要考虑采取让服务人员本人道歉或由值班站长替代道歉等办法，平息乘客的不满情绪。 （3）耐心解释地铁的相关规定。 （4）提出解决方案时，应语调平和，态度诚恳，不要再次引起乘客的不满情绪，如“这样处理，您看行吗？”“我们这样办，您看合适吗？”	（1）推卸责任、极力辩解。 （2）指责乘客。 （3）敷衍乘客

5. 快速采取措施

乘客同意处理意见后，工作人员需要说到做到，而且是马上做到，速度很关键。快速采取措施就是对乘客最大的尊重。一方面，耽误时间有可能引起乘客进一步不满；另一方面，耽误时间还有可能引起乘客改变先前已经协商好的解决措施。如果遇到被投诉的员工不在现场的情况，可以采取电话道歉、书面道歉等处理方式。

对于那些不能立即实现的措施，工作人员应坦诚告诉乘客企业正在办理，并把处理过程中的相关情况及时反馈给乘客，让乘客了解他们的问题正在得到解决。

6. 感谢乘客

对待乘客的投诉一定要表示感谢，感谢乘客选择我们的服务并发现服务中的不足。因为这些批评指导意见会协助企业提高管理水平和服务质量。具体做法如表 9-5 所示。

表 9-5　感谢乘客具体做法

要	不　要
（1）对乘客表示感谢，如“谢谢您的配合”“非常感谢您的建议。” （2）必要时送乘客出站，让乘客感到自己受到重视	（1）怠慢乘客，自己先行离开。 （2）让乘客自行离开

参考文献

[1] 罗文．有轨电车运营管理模式分析[J]．居舍，2018（23）．

[2] 金成，张栋．基于有轨电车运营管理模式研究[J]．基层建设，2017（25）．

[3] 管莉军．城市轨道交通票务管理[M]．北京：人民交通出版社，2018.

[4] 郝润之．有轨电车的售检票系统[EB/OL]．https://www.sohu.com/a/358115198_492547?spm=smpc.author.fd-d.10.1576573606284hRGqkGe.

[5] 朱济龙．现代有轨电车系统概论[M]．北京：机械工业出版社，2015.

[6] 陈伟震．现代有轨电车车站位置的选择[J]．建筑工程技术与设计，2015.

[7] 吴海军，柴小春．城市轨道交通客运组织[M]．重庆：重庆大学出版社，2013.

[8] 李建国．城市轨道交通系统概论[M]．北京：机械工业出版社，2018.

[9] 刘莉娜．城市轨道交通客运组织[M]．2 版．北京：人民交通出版社，2012.

[10] 彭进．铁路客运组织[M]．2 版．北京：中国铁道出版社，2018.